はしがき

― 商業を営む中規模株式会社の経理担当を目指す人、商業簿記の実践と原理の展開とを学ぼうとする人へ ―

　本書は、公益社団法人全国経理教育協会（いわゆる全経）・簿記能力検定試験（後援／文部科学省・日本簿記学会）2級商業簿記の『公式テキスト』である。

　全経では、会社の近年の経済・経営環境の変化に対応すべく、経営管理の基礎となる簿記ならびに会計の見直し作業を継続的に行ってきた。その結果は、令和6年度より実施されることになった「簿記能力検定試験出題範囲」表に掲載されている。

　会計の国際化の下、わが国の会計処理は大きく改変されている。会計理論的に言うと、収益費用アプローチから資産負債アプローチへの会計アプローチの転換である。これを受け、財務諸表を作成するための簿記会計処理も変更されなければならない。よって、簿記検定も改定しなければならない。

　さらに、近年の新しい会計実務の登場がある。これも簿記検定に入れなければならない。

　全経簿記検定2級は、中規模の株式会社の経理において導入すべき上述の変化を取り入れている。なお、業種は、商業であるけれども、この主たる業務に関わらない資金の調達活動や余裕資金の運用活動は、どのような業種でも共通であり、その意味で、2級で取得した知識は全ての株式会社に適用できる。

　一方で、会計事務のコンピュータ化は経理作業の省力化はては無人化までもたらし、ややもすれば経理の空洞化また簿記理論の無視化をもたらす危惧がある。これは会社経理の実態把握にとって問題である。2級の資格においては、管理手段としての複式簿記システムの原理と帳簿実践の原理も問うことになる。

　本テキストは、「出題範囲表」の下、2級商業簿記の会計・簿記の処理を解説している。これらは中規模株式会社の経営・経理にとって必須の知識であるのみならず、簿記会計の学習の高みを目指す学徒にとって必要な能力となる。

　なお、本テキストには『公式問題集』が別に刊行されている。併せて利用され、合格証書を手にされることを祈っている。

令和6年2月

JN076328

一橋大学名誉教授・商学博士
新田　忠誓
ネットスクール株式会社
桑原　知之

試験日	年4回（5月、7月、11月、2月）実施 ※5月と11月は上級を除きます。

受験資格　男女の別，年齢，学歴，国籍等の制限なく誰でも受けられます。

受験料
（税込）

	上級		7,800 円	2 級	商業簿記	2,200 円
	1 級	商業簿記・財務会計	2,600 円	2 級	工業簿記	2,200 円
		原価計算・管理会計	2,600 円	3 級	商業簿記	2,000 円
					基礎簿記会計	1,600 円

試験会場　本協会加盟校　※試験会場の多くは専門学校となります。

申込方法　協会ホームページの申込サイト（https://app.zenkei.or.jp/）にアクセスし，メールアドレスを登録してください。マイページにログインするためのIDとパスワードが発行されます。
　　　　　　上級受験者は，試験当日，顔写真付の「身分証明書」が必要です。
　　　　　　マイページの検定実施一覧から検定試験の申し込みを行ってください。2つの級を受けることもできます。
　　　　　　申し込み後，コンビニ・ペイジー・ネットバンキング・クレジットカード・キャリア決済・プリペイドのいずれかの方法で受験料をお支払ください。受験票をマイページから印刷し試験当日に持参してください。試験実施日の2週間前から印刷が可能です。

試験時間　試験時間は試験規則第5条を適用します。開始時間は受験票に記載します。

合格発表　試験日から1週間以内にインターネット上のマイページで閲覧できます。ただし，上級については2か月以内とします。※試験会場の学生，生徒の場合，各受付校で発表します。

［受験者への注意］
1．申し込み後の変更，取り消し，返金はできませんのでご注意ください。
2．上級受験者で，「商簿・財務」の科目を受験しなかった場合は「原計・管理」の科目を受験できません。
3．受験者は，試験開始時間の10分前までに入り，受験票を指定の番号席に置き着席してください。
4．解答用紙の記入にあたっては，黒鉛筆または黒シャープペンを使用してください。
　　簿記上，本来赤で記入する箇所も黒で記入してください。
5．計算用具（計算機能のみの電卓またはそろばん）を持参してください。
6．試験は，本協会の規定する方法によって行います。
7．試験会場では試験担当者の指示に従ってください。
　　この検定についての詳細は，本協会又はお近くの本協会加盟校にお尋ねください。

検定や受付校の詳しい最新情報は、 全経ホームページでご覧ください。 「全経」で検索してください。 http://www.zenkei.or.jp/	郵便番号　１７０-０００４ 東京都豊島区北大塚1丁目13番12号 公益社団法人　全国経理教育協会 　　TEL　03（3918）6133 　　FAX　03（3918）6196

簿記会計学の基本的素養が必要な 営利・非営利組織	3級	2級	1級
	小規模株式会社	中規模株式会社	大規模株式会社
基礎簿記会計	商業簿記	商業簿記	商業簿記・財務会計
1 簿記の基本構造			
1. 基礎概念（営利）			
a. 資産，負債，純資産			
b. 収益，費用			
c. 損益計算書と貸借対照表との関係			
2. 取引			
a. 取引の意義			
b. 取引の種類			
c. 取引の構成要素（8要素）			
3. 勘定			
a. 勘定の分類			
b. 勘定記入の原則 ┄┄┄┄┄┄┄ 評価勘定			
c. 仕訳と転記			
d. 貸借平均の原理			
4. 帳簿			
a. 主要簿			
仕訳帳			
（現金出納帳）			
総勘定元帳			
b. 補助簿			
（次の2 諸取引の処理 参照）			
	5. 証ひょう		
		6. 帳簿組織	
		a. 単一仕訳帳制	
			b. 特殊仕訳帳制
2 諸取引の処理			
1. 現金預金			
a. 通貨 ┄┄┄┄┄┄┄ 通貨代用証券			
現金出納帳			
	b. 現金過不足		
	c. 小口現金		
	小口現金出納帳		
d. 普通預金			
	e. 当座預金 ┄┄┄┄┄┄┄ 当座借越		
	当座預金出納帳	当座	
		当座勘定出納帳 ┄┄┄┄┄┄┄ 銀行勘定調整表	
		f. 納税準備預金	
			g. 別段預金
		h. 外貨預金	
	i. 定期預金（一年以内）		
		2. 手形	
		a. 約束手形の振出，受入，取立，支払	為替手形の振出，受入，引受，取立，支払
		営業外受取手形・支払手形	（自己宛為替手形）
		b. 裏書及び割引	（自己受為替手形）
		c. 手形の更改	自己受外貨建為替手形
		d. 手形の不渡り	
			e. 外貨建荷為替手形（荷為替手形）
		f. 受取手形記入帳 支払手形記入帳	
		g. 金融手形	
		借入，貸付における証書代用の手形	
			h. 保証債務
3. 売掛金と買掛金			
a. 売掛金，買掛金 ┄┄┄ 売掛金（得意先）元帳，買掛金（仕入先）元帳			
		b. クレジット売掛金	
		c. 電子記録債権・債務	
			d. 仕入割引
			e. 外貨建売掛金・買掛金
4. その他の債権と債務等			
a. 貸付金，借入金			
	b. 未収（入）金，未払金		
	c. 前払金（前渡金），前受金（予約販売を含む）		
	d. 立替金，預り金		
	e. 仮払金，仮受金		
			f. 商品券（自社）
		g. 他店（共通）商品券	
	5. 有価証券		
	a. 有価証券の売買		
		b. 売買目的有価証券の評価	
			c. 端数利息
			d. 有価証券の貸付・借入・差入・預り・保管
	6. 貸倒れと貸倒引当金		
	a. 貸倒れの処理		
	b. 差額補充法		

7．商品 　　a．分記法	b．売上原価対立法(個別／月次) c．三分法 　　返品 売上帳・仕入帳 e．払出原価の計算 　　先入先出法	……移動平均法……	……総平均法
	商品有高帳	f．期末商品の評価 　棚卸減耗 　商品評価損	g．履行義務の充足 　一時点に充足 　一定期間にわたり充足 　(基本的なもの−営業第1期)
9．固定資産 　　a．有形固定資産の取得 ……………………………………………………………			割賦購入(利息は定額法処理のみ) 圧縮記帳 直接控除方式 積立金方式
	固定資産台帳	b．建設仮勘定 オペレーティング・リース取引 ファイナンス・リース取引 利子込み法	c．リース債務の整理 　借手側の処理 　定額法 d．資産除去費用の資産計上
	e．減価償却 　　定額法	………………………	定率法 生産高比例法
	記帳法・直接法 ………	間接法 f．有形固定資産の売却………	有形固定資産の除却 g．無形固定資産 　ソフトウェア(自社利用) h．固定資産の減損
		i．投資その他の資産	満期保有目的の債券 償却原価法−定額法 子会社株式 関連会社株式 その他有価証券 (税効果を含む) 出資金 長期前払費用 投資不動産
			10．繰延資産 繰延創立費，繰延開業費 繰延社債発行費（等）， 繰延株式交付費，繰延開発費
		11．引当金 賞与引当金，修繕引当金………	商品保証引当金，債務保証損失引当金 退職給付引当金
			12．資産除去債務
13．純資産（資本） 　　a．資本金 　　b．引出金			
14．収益と費用 商品販売益，家賃収入，サービス収入など …	売上，雑益など …	償却債権取立益，受取手数料など …	負ののれん発生益，社債発行費(等)，
受取利息		福利厚生費，保管料，支払保険料，	開発費，減損損失 など
給料，広告費，水道光熱費，発送費，旅費， 交通費，通信費，消耗品費，修繕費 支払家賃，支払地代，保険料，雑費， 支払利息	仕入，交際費，支払手数料，租税公課，雑損など	創立費，開業費，株式交付費など	
	15．税金 　　a．所得税 　　b．固定資産税 　　c．消費税（税抜方式）………	決算整理	
		d．法人税・住民税・事業税	

3　株式会社

	1．資本金 　　a．設立		
		b．増資 　通常の新株発行………	資本準備金・利益準備金の資本金組入 c．減資
	2．資本剰余金 　　a．資本準備金…… 　　　株式払込剰余金	減少	
			b．その他資本剰余金 資本金減少差益，資本準備金減少差益

全経 簿記能力検定試験 公式テキスト 2級商業簿記

CONTENTS

試験 標準勘定科目表

3級 商業簿記

資 産 勘 定	小 口 現 金	当 座 預 金	定 期 預 金	有 価 証 券	繰 越 商 品
消 耗 品	前 払 金	支 払 手 付 金	前 払 家 賃	前 払 地 代	前 払 保 険 料
従 業 員 貸 付 金	立 替 金	従 業 員 立 替 金	未 収 金	仮 払 金	仮 払 消 費 税
負 債 勘 定	未 払 金	未 払 税 金	未 払 給 料	未 払 広 告 費	未 払 家 賃
未 払 地 代	前 受 金	受 取 手 付 金	預 り 金	従 業 員 預 り 金	所 得 税 預 り 金
社 会 保 険 料 預 り 金	仮 受 金	仮 受 消 費 税			
純資産（資本）勘定	繰 越 利 益 剰 余 金				
収 益 勘 定	売 上	有 価 証 券 売 却 益	雑 益	雑 収 入	
費 用 勘 定	売 上 原 価	仕 入	貸倒引当金繰入(額)	貸 倒 損 失	減 価 償 却 費
交 際 費	支 払 手 数 料	租 税 公 課	有 価 証 券 売 却 損	雑 損	
その他の勘定	現 金 過 不 足	貸 倒 引 当 金			

2級 商業簿記

標準的な勘定科目の例示は次のとおりです。　　　※新たに2級で学習する勘定科目のみを示しています。

資 産 勘 定	納 税 準 備 預 金	外 貨 預 金	受 取 手 形	クレジット売掛金	電 子 記 録 債 権
売 買 目 的 有 価 証 券	営 業 外 受 取 手 形	他 店 商 品 券	前 払 利 息	未 収 手 数 料	未 収 家 賃
未 収 地 代	未 収 利 息	未収還付消費税	仮 払 法 人 税 等	リ ー ス 資 産	手 形 貸 付 金
建 設 仮 勘 定	長 期 貸 付 金	不 渡 手 形			
負 債 勘 定	支 払 手 形	手 形 借 入 金	当 座 借 越	電 子 記 録 債 務	営 業 外 支 払 手 形
未 払 利 息	未 払 賞 与	未 払 役 員 賞 与	未 払 法 人 税 等	未 払 配 当 金	未 払 消 費 税
前 受 利 息	前 受 家 賃	前 受 地 代	リ ー ス 債 務	賞 与 引 当 金	修 繕 引 当 金
長 期 借 入 金	特 別 修 繕 引 当 金				
純資産（資本）勘定	資 本 準 備 金	利 益 準 備 金	新 築 積 立 金	別 途 積 立 金	
収 益 勘 定	受 取 手 数 料	受 取 家 賃	受 取 地 代	償 却 債 権 取 立 益	為 替 差 益
受 取 配 当 金	固 定 資 産 売 却 益				
費 用 勘 定	棚 卸 減 耗 費	商 品 評 価 損	賞 与	役 員 賞 与	福 利 厚 生 費
保 管 料	○○引当金繰入	支 払 リ ー ス 料	手 形 売 却 損	為 替 差 損	創 立 費
開 業 費	株 式 交 付 費	固 定 資 産 売 却 損			
その他の勘定	当 座	○○減価償却累計額	支 店	本 店	有 価 証 券 運 用 損 益
法 人 税 等					

Chapter 0

２級に通ろう！
～２級合格のための３級知識～

２級に通ろう！の全体像

重要度

Section 1 　現金・預金と債権債務　　　　　　　★★★☆☆

ココがPOINT!!

物　語

　さあ、２級への旅のはじまりです。

　みなさんの中には３級で学んだ内容の理解に不安を持っている方もおられることでしょう。でも大丈夫です。

　Chapter ごとに前提となる３級の知識がある場合には「Section 0　３級の復習」としてその内容を、また、該当する Chapter はないけれど重要な３級の知識は、この「Chapter 0　２級に通ろう！」にまとめました。

　さあ、ここからはじめましょう。

現金・預金と債権債務

はじめに

現金や当座預金、さらにはさまざまな債権と債務についての内容を3級で学んできました。これらは2級でも頻繁に出題されている内容ですので、ここでまとめて復習しておきましょう。

1 現金過不足

●現金過不足とは

現金過不足とは、実際の現金残高と帳簿上の現金残高との差額のことをいいます。

●現金過不足の処理

現金過不足が発生したら、帳簿残高を実際残高に修正します。なぜなら、帳簿残高というのはウソつきで、実際残高＝事実だからなんです。簿記って事実をきちんと書くことなんですよ。

不足の場合

(1)発生時

現金の実際残高を調べたところ、帳簿残高より¥1,000不足していた。

	┌仮勘定の増加					┌資産の減少	
(借) 現 金 過 不 足	1,000	(貸) 現	金	1,000

(2)原因判明時

不足額¥1,000のうち、¥600は通信費の記帳漏れだった。

	┌費用の発生			┌仮勘定の減少	
(借) 通 信 費	600	(貸) 現 金 過 不 足	600

(3)決算時

決算日をむかえ、不足額¥400は原因が不明である。

	┌費用の発生			┌仮勘定の減少	
(借) 雑 損	400	(貸) 現 金 過 不 足	400

過剰の場合

(1)発生時

現金の実際残高を調べたところ、帳簿残高より¥2,000多かった。

	┌資産の増加			┌仮勘定の増加	
(借) 現 金	2,000	(貸) 現 金 過 不 足	2,000

(2)原因判明時

過剰額¥2,000のうち、¥1,200は受取手数料の記帳漏れだった。

	┌仮勘定の減少			┌収益の発生	
(借) 現 金 過 不 足	1,200	(貸) 受 取 手 数 料	1,200

(3)決算時

決算日をむかえ、過剰額¥800は原因が不明である。

	┌仮勘定の減少			┌収益の発生	
(借) 現 金 過 不 足	800	(貸) 雑 益	800

② 小口現金

●小口現金とは

小口現金とは、少額経費の支払用に手許においておく現金のことをいいます。

●小口現金の処理

(1)前渡時

経理担当者は、支払担当者(用度係)に小切手 ¥20,000 を振り出して前渡しした。

┌資産の増加
| (借) 小 口 現 金 | 20,000 | (貸) 当 座 預 金 | 20,000 |

(2)支払報告時

経理担当者は、支払担当者(用度係)から通信費 ¥5,000、交通費 ¥8,000 の支払報告を受けた。

┌資産の減少
| (借) 通　　信　　費 | 5,000 | (貸) 小 口 現 金 | 13,000 |
| 交　　通　　費 | 8,000 | | |

(3)補給時

経理担当者は、支払担当者(用度係)から支払報告を受けた ¥13,000 について、同額の小切手を振り出して小口現金を補給した。

┌資産の増加
| (借) 小 口 現 金 | 13,000 | (貸) 当 座 預 金 | 13,000 |

◆即時補給した場合((2)と同時に(3)を行った場合)

| (借) 通　　信　　費 | 5,000 | (貸) 当 座 預 金 | 13,000 |
| 交　　通　　費 | 8,000 | | |

●小口現金出納帳とは

小口現金出納帳は、小口現金の使途を記入するための帳簿です。

❶小切手を受け入れる
か、補給を受けたとき
にその額を記入

❷支払いの内容（何の支払い
か）を記入

❸支払った金額を
記入

❹その内訳を記入

小 口 現 金 出 納 帳

受 入	×年		摘　　要	支 払	内　　　　　訳				残 高
					交通費	通信費	光熱費	雑　費	
50,000	10	15	小切手受入						50,000
	〃		郵便切手	7,000		7,000			43,000
		16	お菓子代	2,000				2,000	41,000
		17	バス回数券	3,000	3,000				38,000
		18	電灯料	10,000			10,000		28,000
	〃		ハガキ代	5,000		5,000			23,000
		19	お茶	3,000				3,000	20,000
	〃		タクシー代	7,000	7,000				13,000
		20	ガス代	3,000			3,000		10,000
			合　　計	40,000	10,000	12,000	13,000	5,000	
	〃		次週繰越	10,000					
50,000				50,000					
10,000	10	22	前週繰越						10,000
40,000	〃		本日補給						50,000

◆記入のしかた

❶受入欄に受け入れた金額を記入します。

❷摘要欄には支払いの内容を記入します。

❸支払欄に金額を記入します。

❹内訳欄に支払いの内容ごとに分けて金額を記入します。

3 仮払金と仮受金

●仮 払 時 社員が出張するため、¥30,000を現金で仮払いした。

```
            ┌資産の増加
（借）仮   払   金 30,000 （貸）現        金 30,000
```

> 勘定科目や金額が決まっていない場合に、仮払金を使います。

●仮払金精算時 社員が出張の精算をした〔交通費 ¥22,000、通信費 ¥3,000〕。

```
                              ┌資産の減少
（借）交   通   費 22,000 （貸）仮   払   金 30,000
    通   信   費  3,000
    現        金  5,000
```

> 勘定科目や金額が未確定な支払いは仮払金勘定で一時的に処理し、それらが確定したときに適当な勘定に振り替えます。

●仮 受 時 出張中の社員から ¥5,000の当座振込みがあったが、内容は不明である。

```
                              ┌負債の増加
（借）当 座 預 金  5,000 （貸）仮   受   金  5,000
```

●仮受金内容
**　判 明 時** 社員が帰社し、上記振込みは売掛金の回収額であると報告を受けた。

```
    ┌負債の減少
（借）仮   受   金  5,000 （貸）売   掛   金  5,000
```

> 勘定科目または金額が未確定な収入は仮受金勘定で一時的に処理し、勘定科目または金額が確定したら適当な勘定に振り替えます。

4 立替金と預り金

●立 替 払 時 従業員の保険料 ¥50,000を現金で立替払いした。

```
            ┌資産の増加
（借）立   替   金 50,000 （貸）現        金 50,000
```

> 従業員立替金勘定を用いる場合もあります。

●立替金精算時 上記の立替分を給料 ¥200,000から差し引いて現金で支払った。

```
        ┌費用の発生                   ┌資産の減少
（借）給     料 200,000 （貸）立   替   金 50,000
                            現        金 150,000
```

●預 り 時 給料 ¥200,000を支払うさいに所得税 ¥10,000を差し引いて現金で支払った。

```
        ┌費用の発生                   ┌負債の増加
（借）給     料 200,000 （貸）預   り   金 10,000
                            現        金 190,000
```

> 従業員の所得税は源泉徴収し、後日従業員に代わって税金を支払うときまで一時的に預かっているものなので、預り金として処理します。
> なお、従業員預り金勘定や所得税預り金勘定を用いる場合もあります。

●所得税納付時 上記の所得税を現金で納付した。

```
    ┌負債の減少
（借）預   り   金 10,000 （貸）現        金 10,000
```

5 未収金と未払金

商品代金の未収分は売掛金
とします。

●**売 却 時** 土地 ¥5,000 を売却し、代金は月末に受け取ることにした。
売 主

(借) 未 収 金 5,000 (貸) 土 地 5,000

┌資産の増加

●**未収金回収時** 上記の代金を現金で受け取った。

(借) 現 金 5,000 (貸) 未 収 金 5,000

┌資産の減少

6 前払金と前受金

実際に商品を仕入れたら仕
入勘定に記入します。

●**前 払 時** 商品 ¥50,000 の注文を行い、手付金として ¥20,000 を現金で支
買 主 払った。

(借) 前 払 金 20,000 (貸) 現 金 20,000

┌資産の増加

●**商品仕入時** 上記の商品を仕入れ、手付金を差し引いた残額は掛とした。

(借) 仕 入 50,000 (貸) 前 払 金 20,000
買 掛 金 30,000

┌資産の減少

土地 ¥5,000 を購入し、代金は月末に支払うことにした。

●購　入　時

買　主

┌負債の増加

（借）土　　　　　　地　5,000（貸）未　払　金　5,000

> 商品代金の未払分は買掛金とします。

上記の代金を現金で支払った。

●未払金支払時

┌負債の減少

（借）未　払　金　5,000（貸）現　　　　金　5,000

商品 ¥50,000 の注文を受け、手付金として現金 ¥20,000 を受け取った。

●前　受　時

売　主

┌負債の増加

（借）現　　　　金　20,000（貸）前　受　金　20,000

> 実際に商品を渡すまで売上勘定に記入しません。

上記の商品を引き渡し、手付金を差し引いた残額は掛とした。

●商品引渡時

┌負債の減少

（借）前　受　金　20,000（貸）売　　　　上　50,000
　　　売　掛　金　30,000

みなさんが上級までの学習を終えられる頃には、このような決算書が作成できるようになります（ 　　　　 の科目については、1級、上級にて学習します）。

学習する中で逐次、このページに戻って、どのように表示されるのかを確認するようにしましょう。

損 益 計 算 書
自×6年4月1日　至×7年3月31日

I	売　　上　　高		8,500,000
II	売　上　原　価		
1	期首商品棚卸高	150,000	
2	当期商品仕入高	4,200,000	
	計	4,350,000	
3	期末商品棚卸高	250,000	
	差　　引	4,100,000	
4	棚卸減耗費	8,000	
5	商品評価損	12,000	4,120,000
	売上総利益		4,380,000
III	販売費及び一般管理費		
	給　　　　料	1,840,000	
	広　告　費	307,000	
	保　険　料	120,000	
	修　繕　費	8,000	
	貸　倒　損　失	5,000	
	貸倒引当金繰入	5,500	
	賞与引当金繰入	20,000	
	修繕引当金繰入	11,000	
	減価償却費	120,000	
	ソフトウェア償却	20,000	
	株式報酬費用	10,000	
	退職給付費用	10,000	
	法定福利費	100,000	
	租　税　公　課	12,000	
	研究開発費	150,000	
	のれん償却	60,000	
	特許権償却	50,000	
	雑　　　費	30,000	2,878,500
	営　業　利　益		1,501,500

IV	営 業 外 収 益		
	受　取　利　息	1,500	
	受取手数料	3,000	
	有価証券利息	7,000	
	受取配当金	6,000	
	有価証券運用益	10,000	
	為　替　差　益	1,000	
	金利スワップ評価益	2,000	
	仕　入　割　引	2,000	
	償却債権取立益	5,500※1	
	保証債務取崩益	5,000	
	雑　　　益	2,500	45,500
V	営 業 外 費 用		
	支　払　利　息	15,000	
	手形売却損	2,000	
	電子記録債権売却損	6,000	
	社　債　利　息	13,000	
	創　立　費　償　却	12,000	
	開　業　費　償　却	15,000	
	株式交付費償却	4,000	
	社債発行費償却	3,000	
	保証債務費用	4,000	
	雑　　　損	9,000	83,000
	経　常　利　益		1,464,000
VI	特 別 利 益		
	固定資産売却益	8,000	
	国庫補助金受贈益	2,000	
	社債償還益	8,000	
	保険差益	40,000	58,000
VII	特 別 損 失		
	固定資産売却損	28,000	
	固定資産圧縮損	2,000	
	関係会社株式評価損	1,000	
	減　損　損　失	5,000	
	社債償還損	6,000	
	火　災　損　失	300,000	
	固定資産廃棄損	50,000	
	固定資産除却損	30,000	422,000
	税引前当期純利益		1,100,000
	法人税、住民税及び事業税※2		330,000
	当　期　純　利　益		770,000

※1 償却債権取立益は通常、営業外収益に表示しますが、試験では問題の指示にしたがって解答してください。
※2 法人税等とする場合もあります。

損益計算書
自×6年4月1日 至×7年3月31日 （単位：円）

費　　用	金　額	収　　益	金　額
期首商品棚卸高	150,000	売　上　高	8,500,000
当期商品仕入高	4,200,000	期末商品棚卸高	250,000
棚卸減耗費	8,000		
商品評価損	12,000		
売上総利益	4,380,000		
	8,750,000		8,750,000
給　料	1,840,000	売上総利益	4,380,000
広告費	307,000	受取利息	1,500
保険料	120,000	受取手数料	3,000
修繕費	8,000	有価証券利息	7,000
貸倒損失	5,000	受取配当金	6,000
貸倒引当金繰入	5,500	有価証券運用益	10,000
賞与引当金繰入	20,000	為替差益	1,000
修繕引当金繰入	11,000	金利スワップ評価益	2,000
減価償却費	120,000	仕入割引	2,000
ソフトウェア償却	20,000	償却債権取立益	5,500
株式報酬費用	10,000	保証債務取崩益	5,000
退職給付費用	10,000	雑益	2,500
法定福利費	100,000	固定資産売却益	8,000
租税公課	12,000	国庫補助金受贈益	2,000
研究開発費	150,000	社債償還益	8,000
のれん償却	60,000	保険差益	40,000
特許権償却	50,000		
雑費	30,000		
支払利息	15,000		
手形売却損	2,000		
電子記録債権売却損	6,000		
社債利息	13,000		
創立費償却	12,000		
開業費償却	15,000		
株式交付費償却	4,000		
社債発行費償却	3,000		
保証債務費用	4,000		
雑損	9,000		
固定資産売却損	28,000		
固定資産圧縮損	2,000		
関係会社株式評価損	1,000		
減損損失	5,000		
社債償還損	6,000		
火災損失	300,000		
固定資産廃棄損	50,000		
固定資産除却損	30,000		
法人税、住民税及び事業税	330,000		
当期純利益	770,000		
	4,483,500		4,483,500

貸 借 対 照 表

×7年3月31日

資 産 の 部			負 債 の 部		
Ⅰ 流 動 資 産			Ⅰ 流 動 負 債		
現 金 預 金		3,093,000	支 払 手 形		40,000
受 取 手 形	150,000		電 子 記 録 債 務		10,000
電 子 記 録 債 権	20,000		買 掛 金		94,000
売 掛 金	80,000		前 受 金		6,000
貸 倒 引 当 金	5,000	245,000	短 期 借 入 金		10,000
有 価 証 券 ※1		850,000	未 払 金		14,000
商 品		230,000	未 払 法 人 税 等		440,000
貯 蔵 品		3,000	未 払 消 費 税		20,000
前 払 金		7,000	未 払 費 用		9,000
未 収 金		30,000	前 受 収 益		7,000
火 災 未 決 算		250,000	賞 与 引 当 金		20,000
前 払 費 用		5,000	リ ー ス 債 務		10,000
未 収 収 益		4,000	修 繕 引 当 金		11,000
短 期 貸 付 金		700,000	保 証 債 務		4,000
流 動 資 産 合 計		5,417,000	流 動 負 債 合 計		695,000
Ⅱ 固 定 資 産			Ⅱ 固 定 負 債		
1 有形固定資産			社 債		900,000
建 物	5,000,000		長 期 借 入 金		300,000
減価償却累計額	300,000	4,700,000	リ ー ス 債 務		60,000
備 品	200,000		退 職 給 付 引 当 金		200,000
減価償却累計額	60,000	140,000	固 定 負 債 合 計		1,460,000
車 両 運 搬 具	300,000		負 債 合 計		2,155,000
減価償却累計額	50,000	250,000			
リ ー ス 資 産	200,000		純 資 産 の 部		
減価償却累計額	40,000	160,000	Ⅰ 株 主 資 本		
土 地		5,000,000	1 資 本 金		12,000,000
建 設 仮 勘 定		450,000	2 資本剰余金		
2 無形固定資産			(1)資 本 準 備 金		2,000,000
の れ ん		120,000	3 利益剰余金		
特 許 権		180,000	(1)利 益 準 備 金	90,000	
商 標 権		20,000	(2)その他利益剰余金		
借 地 権		100,000	任 意 積 立 金	150,000	
鉱 業 権		12,000	繰越利益剰余金	860,000	1,100,000
ソ フ ト ウ ェ ア		60,000	Ⅱ 評価・換算差額等		
3 投資その他の資産			その他有価証券評価差額金		20,000
投 資 有 価 証 券 ※2		500,000	純 資 産 合 計		15,120,000
関 係 会 社 株 式		1,000			
投 資 不 動 産		20,000			
長 期 貸 付 金		30,000			
長 期 前 払 費 用		39,000			
不 渡 手 形		8,000			
固 定 資 産 合 計		11,790,000			
Ⅲ 繰 延 資 産					
繰 延 創 立 費		24,000			
繰 延 開 業 費		30,000			
繰 延 株 式 交 付 費		8,000			
繰 延 社 債 発 行 費		6,000			
繰 延 資 産 合 計		68,000			
資 産 合 計		17,275,000	負債及び純資産合計		17,275,000

※1　売買目的有価証券などが該当します。
※2　満期保有目的債券などが該当します。

Chapter 1

商 品 売 買

商品売買の全体像

重要度

ココがPOINT!!

付随費用は原価に含める

　3級で学んだ有価証券や有形固定資産を取得したときの仕訳を思い出してください。

　証券会社に支払う手数料や固定資産の据付費などは有価証券や固定資産の取得原価に含めて処理していましたね。実は商品の購入のさいも同じなのです。

　商品を購入するさいに引取費用などを支払った場合にもやはり、仕入勘定に含めて処理することになるのです。

Section 0

重要度

★★★★★☆

３級の復習

重要ポイント

・三分法 ………… 商品売買を仕入、売上、繰越商品の勘定で処理する方法
・返品 …………… 仕入時、売上時の貸借逆の仕訳となる
・商品有高帳 …… 先入先出法による記入

1 三分法

　商品売買について、商品購入（仕入）時には仕入勘定（費用の勘定）、販売（売上）時には売上勘定（収益の勘定）、決算期末には繰越商品勘定（資産の勘定）の３勘定を用いて処理する方法です。

2 返品の処理

　返品とは、品違い、汚損、傷などのため**商品を返したり（仕入返品）、返されたり（売上返品）**することをいいます[01]。
　返品は仕入勘定、売上勘定から控除する処理を行います。

> 01) 売買取引の一部取消しを意味します。

例 0-1

当社はＡ社より商品 10 個（@¥1,000）を掛けで仕入れた。しかし、検品した結果、このうち１個が破損していたため返品した。掛け代金と相殺した。

当　社　（借）買　　掛　　金　1,000　（貸）仕　　　　　　入　1,000

Ａ　社　（借）売　　　　　　上　1,000　（貸）売　　掛　　金　1,000

3 予約販売

　予約販売とは、商品の受注と同時に、あらかじめ販売代金の一部または全額を受け取り、後日、注文者に商品を引き渡すという商品販売の形態をいいます[02]。予約販売では、得意先から受取った予約金を**前受金勘定**で処理し、**商品を引き渡したときに売上を計上**するとともに、前受金を充当します。

> 02) 商品を引き渡すまでは売上に計上できません。

(1)予約金受取り時

例0-2

得意先から商品Ａ￥100,000 の予約を受け、それと同時に予約金として
現金￥100,000 を受け取った。

（借）現　　　　金　100,000　（貸）前　受　金　100,000

(2)商品引渡し時

例0-3

得意先に商品￥100,000 を引き渡した。

（借）前　受　金　100,000　（貸）売　　　上 [03]　100,000

03)商品を引き渡して売上
となります。

4 帳簿組織

(1)仕入帳

仕入取引の明細について記録するために設けられる帳簿です。

(2)買掛金元帳 [04]

仕入先ごとの買掛金の内訳を記入するための帳簿です。

04)仕入先元帳ともいいま
す。

仕　入　帳

×年		摘　　　　要		金　額
8	2	福岡商店	掛け	
		甲商品　20個	@￥100	2,000
	3	福岡商店	掛戻し	
		甲商品　2個	@￥100	200

買　掛　金　元　帳
福岡商店

×年		摘　要	借　方	貸　方	借また は貸	残　高
8	1	前 月 繰 越		200	貸	200
	2	掛　仕　入		2,000	〃	2,200
	3	仕 入 戻 し	200		〃	2,000

(3)売上帳

売上取引の明細について記録するために設けられる帳簿です [05]。

(4)売掛金元帳 [06]

得意先ごとの売掛金の内訳を記入するための帳簿です [07]。

05)記帳方法は仕入帳と同
様です。
06)得意先元帳ともいいま
す。
07)記帳方法は買掛金元帳
と同様です。

商品の仕入・販売のたびに、その数量・単価・金額を記録し、常に商品の在庫を明らかにする帳簿です。3級では先入先出法[08]による記入を学びました。

> 08) 先に仕入れた商品から順に販売したものとして記帳する方法です。

◆先入先出法による記入方法

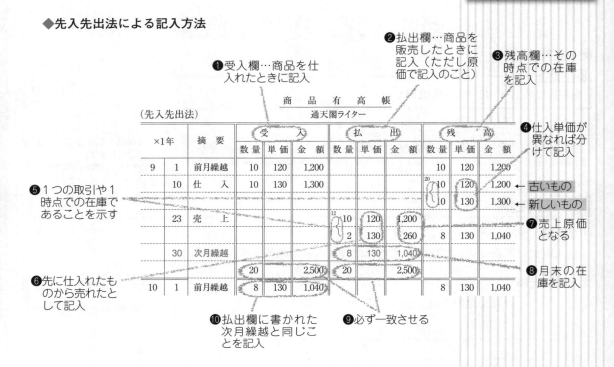

❶受入欄…商品を仕入れたときに記入

❷払出欄…商品を販売したときに記入（ただし原価で記入のこと）

❸残高欄…その時点での在庫を記入

商 品 有 高 帳
通天閣ライター

(先入先出法)

×1年		摘　要	受　入			払　出			残　高		
			数量	単価	金額	数量	単価	金額	数量	単価	金額
9	1	前月繰越	10	120	1,200				10	120	1,200
	10	仕　入	10	130	1,300				10	120	1,200
									10	130	1,300
	23	売　上				10	120	1,200			
						2	130	260	8	130	1,040
	30	次月繰越				8	130	1,040			
			20		2,500	20		2,500			
10	1	前月繰越	8	130	1,040				8	130	1,040

❹仕入単価が異なれば分けて記入

←古いもの
←新しいもの

❺1つの取引や1時点での在庫であることを示す

❻先に仕入れたものから売れたとして記入

❼売上原価となる

❽月末の在庫を記入

❾必ず一致させる

❿払出欄に書かれた次月繰越と同じことを記入

Section 0のまとめ

返　品……商品を仕入先に返したり、得意先から返されたりすること

※掛取引前提

	仕　入　側	販　売　側
返品	(借)買 掛 金×××(貸)仕　入×××	(借)売　上×××(貸)売 掛 金×××

■予約販売とは　あらかじめ販売代金の一部または全額を受け取り、後日、注文者に商品を引き渡すという商品販売の形態

(1)予約金受取り時　(借)現 金 な ど　×××　(貸)前　受　金　×××

(2)商品引渡し時　(借)前　受　金　×××　(貸)売　　　上　×××

Section 1

重要度
★★★★☆

仕入諸掛と移動平均法
しいれしょがかり

はじめに

遠方から商品を購入する場合、輸送費用や引取費用を負担することがあります。このような場合の費用はどのように処理すればいいのでしょうか。
また、商品の払出単価を計算するさいに、先入先出法の他にどのような方法があるのでしょうか。

1 当社負担の仕入諸掛の処理

　商品を仕入れるときに、運賃や保険料、手数料、関税、保管料などの費用が発生することがあります。**これらの付随費用を仕入諸掛といい、**
ふずいひよう
すべて仕入勘定（費用の勘定）に含めて処理します。それはこうした費用なしに、商品仕入は行えないので、商品代金と区別せず、仕入勘定に含めて処理します。

例1-1

当社は沖縄の石原商店より商品（電動シーサー）¥50,000 を掛けで仕入れ、これに付随して発生した運賃、保険料などの費用 ¥3,000（当社負担）を現金で支払った。

> シーサーは沖縄の魔除け。でも電動シーサーはどのように動くのだろう？
> また、動いたからといって何になるのだろう？　沖縄に行ったときに国際通りで探してみたが、やっぱり見つからなかった。

〈石原商店〉　　　電動シーサー　　　〈当社〉

運賃・保険料・関税など
（仕入に含める）

> 01）仕入勘定の金額は商品代金と仕入諸掛の合計として計算することに注意してください。
> 仕入勘定の金額＝
> 商品購入代価＋仕入諸掛

| （借）仕 | 入 | 53,000 [01] | （貸）買 | 掛 | 金 | 50,000 |
| | | | 現 | | 金 | 3,000 |

2 商品有高帳の記入 〜移動平均法〜

　商品有高帳に記入するさいに、払出単価の計算方法には先入先出法[02]
いどうへいきんほう
の他に移動平均法があります[03]。

> 02）3級で学んだ方法です。
> 03）比較しておさえておいてください。

移動平均法
　仕入単価の異なる商品を仕入れるたびに、次の計算式によって平均単価を計算し、それを次回の払出単価とする方法をいいます。

$$\frac{残高金額＋受入金額}{残高数量＋受入数量} = 平均単価$$

　この方法は、時間が経っても商品が変質しない場合など、**商品を仕入単価別に扱う必要がない場合**に用いられる方法といえます。

◆移動平均法による記入方法

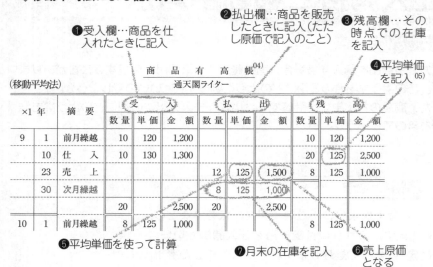

❶受入欄…商品を仕入れたときに記入

❷払出欄…商品を販売したときに記入（ただし原価で記入のこと）

❸残高欄…その時点での在庫を記入

❹平均単価を記入[05]

商品有高帳[04]
通天閣ライター

（移動平均法）

×1年		摘 要	受 入			払 出			残 高		
			数量	単価	金額	数量	単価	金額	数量	単価	金額
9	1	前月繰越	10	120	1,200				10	120	1,200
	10	仕 入	10	130	1,300				20	125	2,500
	23	売 上				12	125	1,500	8	125	1,000
	30	次月繰越				8	125	1,000			
			20		2,500	20		2,500			
10	1	前月繰越	8	125	1,000				8	125	1,000

❺平均単価を使って計算

❼月末の在庫を記入

❻売上原価となる

04) 移動平均法による商品有高帳では１つの取引につき１行ずつしか使いません。

05) ９月10日の残高欄について

イ) まず、残高数量10個と受入数量10個を合計します。

ロ) 次に残高金額 ￥1,200 と受入金額 ￥1,300 を合計します。

ハ) ロ)をイ)で割って平均単価を算出します。
これを算式で示すと、次のとおり。

$$\frac{¥1,200 + ¥1,300}{10個 + 10個} = @¥125$$

例1-2

〔取 引〕

4月3日　商品A 60個を1個あたり￥100で仕入れた。

4月5日　商品A 40個を1個あたり￥120で売り上げた。

商 品 有 高 帳
商品A

（移動平均法）

×3年		摘 要	受 入			払 出			残 高		
			数 量	単 価	金 額	数 量	単 価	金 額	数 量	単 価	金 額
4	1	前 月 繰 越	15	80	1,200				15	80	1,200
	3	仕 入	60	100	6,000				75	※ 96	7,200
	5	売 上				40	※ 96	3,840	35	96	3,360

※ ￥7,200÷75個 = @￥96　　　　　　　　　　　　　売上原価

Try it 例題

Q 商品有高帳（移動平均法）

次の資料によって、移動平均法による商品有高帳の記入を行い、売上総利益を算定しなさい。なお、帳簿を締め切る必要はない。

5月1日　前月繰越　10個　@ ￥500
　　8日　仕　入　15個　@ ￥600
　　15日　売　上　12個　@￥1,000
　　23日　仕　入　17個　@ ￥530

移動平均法

×年		摘　要	受	入		払	出		残	高	
			数量	単価	金額	数量	単価	金額	数量	単価	金額

売上総利益：　￥＿＿＿＿＿＿＿＿

移動平均法

×年		摘　要	受	入		払	出		残	高	
			数量	単価	金額	数量	単価	金額	数量	単価	金額
5	1	前月繰越	10	*500*	*5,000*				10	*500*	*5,000*
	8	仕　入	15	*600*	*9,000*				25	*560*[06)]	*14,000*
	15	売　上				12	*560*	*6,720*	13	*560*	*7,280*
	23	仕　入	17	*530*	*9,010*				30	*543*[07)]	*16,290*

売上総利益：@￥1,000 × 12個 − ￥6,720 = ￥*5,280*
　　　　　　　　売 上 高　　　　売上原価

06) $\dfrac{￥5,000 + ￥9,000}{10 個 + 15 個}$
　 ＝@￥560

07) $\dfrac{￥7,280 + ￥9,010}{13 個 + 17 個}$
　 ＝@￥543

Section 1のまとめ

■仕入諸掛の処理　　商品仕入のさいに要した付随費用は、すべて仕入勘定に含めて処理します。

（借）仕　　　　　入　×××　（貸）買　掛　金　××
　　　　　　　　　　　　　　　　　現　　　金　×

■移動平均法　　仕入単価の異なる商品を仕入れるたびに、次の計算式によって平均単価を計算し、それを次回の払出単価とする方法をいいます。

$$\dfrac{残高金額 + 受入金額}{残高数量 + 受入数量} = 平均単価$$

Section 2 クレジット売掛金

重要度 ★★★★☆

はじめに

クレジットカードでの支払いを希望されるお客様が増えてきたので、当社でもクレジット取引を導入することにしました。
クレジットカードでの決済は、信販会社(カード会社)に手数料を支払います。このような場合はどのように処理すればいいのでしょうか。

1 クレジット取引

私たちは、商品を購入したり食事をしたりしたときに、クレジットカードを使って代金を支払うことがあります。この時に、お店(販売側)の処理はどのようになるのでしょうか。

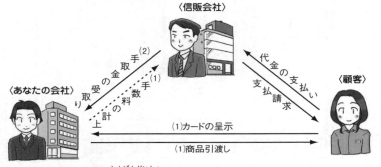

商品販売時の代金は信販会社（しんぱんがいしゃ）が当社に代わって回収し、信販会社から手数料を差し引かれた残額を受け取ります。

2 クレジット取引の処理

クレジット取引の処理では(1)商品販売したとき、(2)代金を受け取ったときの2つに注意してください。

(1)商品販売時

> **例2-1**
> 商品¥1,000をクレジット払いの条件で販売した。なお、信販会社（カード会社）のクレジット手数料（販売代金の4%）は販売時に認識する。

通常の得意先に対する売掛金と区別して、信販会社に対する債権を**クレジット売掛金勘定（資産）**で処理します。なお、信販会社に対する手数料は支払手数料勘定で処理します。

(借)クレジット売掛金	960 [02]	(貸)売	上		1,000
支 払 手 数 料	40 [01]				

> 01) ¥1,000×4%＝¥40
> 02) ¥1,000－¥40
>   ＝¥960

> クレジット売掛金は、B/S上、売掛金に含めて表示します。

(2)代金受取り時

例2-2

信販会社から、4%の手数料を引いた手取額￥960 が、当社の当座預金
口座に振り込まれた。

　信販会社から代金を受け取った時に、クレジット売掛金勘定を減少さ
せます。

（借）当　座　預　金	960	（貸）クレジット売掛金	960

クレジット売掛金

次の一連の取引について仕訳しなさい。

7.5　商品 ￥3,000をクレジット払いの条件で販売した。なお、信販会社（カード会社）
　　　のクレジット手数料（販売代金の5%）は販売時に認識する。

8.31　上記クレジット代金が信販会社から当社の普通預金口座に振り込まれた。

7.5	（借）クレジット売掛金	2,850	（貸）売　　　上	3,000
	支　払　手　数　料	150		
8.31	（借）普　通　預　金	2,850	（貸）クレジット売掛金	2,850

Section 2のまとめ

商品販売時	商品￥40,000をクレジット払いで販売した。なお、信販会社に対する手数料（販売代金の4%）は販売時に計上する。

（借）クレジット売掛金	38,400	（貸）売　　　上	40,000
支　払　手　数　料	1,600		

代金受取り時	上記クレジット代金が、当社の当座預金口座に振込まれた。

（借）当　座　預　金	38,400	（貸）クレジット売掛金	38,400

Section 3 他店商品券

重要度 ★★☆☆☆

はじめに

全国百貨店共通商品券やビール券などのように、他の会社が発行した商品券を受け取って、商品を販売することがあります。
このような時どのような処理をするのでしょうか？

1 商品券のしくみ

商品券がどのようなしくみで発行され利用されているのかを下の図で説明します。

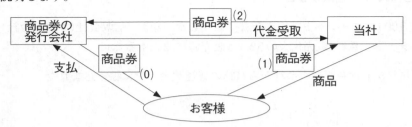

(0) お客様は商品券発行会社等で商品券を購入します[01]。

(1) その商品券が使えるお店で商品を購入し、代金として商品券で支払います。

(2) 商品券で販売したお店(当社)は後日、商品券発行会社で商品券の精算をしてもらいます。

> 01) 商品券の発行会社から直接購入する他、チケットショップで購入することなども含まれます。

2 他店商品券の処理

他の会社が発行した商品券を受け取り、商品を販売した場合には、他店商品券勘定(資産の勘定)[02]で処理します。これは、後に、受け取った商品券の発行会社に代金を請求できるからです。

他店商品券の処理では、(1)他店商品券を受け取ったとき、(2)商品券代金を精算したとき、の2つに注意してください。

> 02) みなさんは日常的に「商品券」は資産だと感じていると思います。これは、自分で商品券を発行することなく、すべて他店の発行した商品券を扱っているためです。

```
(1)受取時  →  (2)精算時
```

(1)受取時

例3-1

全国百貨店共通商品券と引換えに ¥10,000 の商品を販売した。

　他店の発行した商品券と引換えに商品を販売したときには、**他店商品券勘定(資産の勘定)の増加**として処理します。これは、この後受け取った商品券の発行会社に代金を請求できるからです。

> （借）他 店 商 品 券　　10,000　　（貸）売　　　　　上　　　10,000

(2)精算時

例3-2

後日、商品券の代金を請求し、現金で精算を受けた。

　他店の発行した商品券を精算したときには、**他店商品券勘定の減少**として処理します。

> （借）現　　　　　金　　10,000　　（貸）他 店 商 品 券　　10,000

Try it 例題

他店商品券の処理

次の取引について仕訳を行いなさい。

(1)　商品 ¥30,000 を販売し、代金は百貨店連合加盟の山口百貨店発行の商品券で受け取った。

(2)　山口百貨店発行の商品券 ¥30,000 の代金を請求し、現金で精算を受けた。

解答

| (1) | （借）他 店 商 品 券 | *30,000* | （貸）売　　　　　上 | *30,000* |

| (2) | （借）現　　　　　金 | *30,000* | （貸）他 店 商 品 券 | *30,000* |

Section 3のまとめ

☆他店商品券は、後で発行会社に代金を請求できる債権です。

受取時(商品引渡時)	精算時
（借）他店商品券 ×××（貸）売　　上 ×××	（借）現　　金 ×××（貸）他店商品券 ×××

コラム　会計感情論

　最近の私の、血のにじむような努力による研究成果についてお話しましょう（もちろん、真に受けないでくださいね）。

　研究の結論から申し上げると、簿記でいうところの五要素、つまり資産・負債・資本（純資産）・収益・費用は、人間の感情でいうところの4つの感情『喜・怒・哀・楽』に相当している、という新事実が発見されました！

　まず、元手（資本）の増加要因である「収益」は人間の感情の『喜』に相当しています。"おぅおぅ、儲かって嬉しい嬉しい"という喜びの感情です。

　次に、返さねばならない「負債」は『怒』であり、"借りるときの恵比須顔・返すときの閻魔顔"といわれるとおり、閻魔様の怒りの感情を表しています。

　また元手の減少要因の「費用」は人間感情でいう『哀』であり、"あぁー、お前も出て行っちまうのか"という哀しみの感情。

　最後に、持っていて価値のある「資産」は『楽』であり、"カネがあるから楽できる、株があるから将来が楽しみ"といった楽の感情を表しているのです。

　えっ、五要素から『喜怒哀楽』の4つを引いた残りの1個、そうそう「資本（純資産）」って何だって？

　おおっと、鋭い質問です。そうですねー、「資本」はさしずめ『幸福』ってところですかね。

　『喜怒哀楽』を超えた結果としてあり、『人生の究極の目的』でもあり、喜びが増加要素で良い人に分け与える（投資する）ことでも増え、哀しみを1人でしょい込むと減る、まぁ、そんなものですか。

　みなさんも、『幸福』という名の資本をたくさん創っていきましょう。

Chapter 2

当座預金とその他の預金

当座預金とその他の預金の全体像

重要度

ココがPOINT!!

当座預金残高がマイナスになったらどう処理すべきか

　　銀行と借越契約を結んでおけば、当座預金の残高がないときでも一定額について小切手を振出すことができます。この残高を超えて振り出した部分は銀行からの借入れです。預金と借入れを科目を分けて処理する方法と、1つの科目で処理する方法について見ていきます。

３級の復習

重要ポイント

・小切手の振出し ……………………………… 当座預金の減少
・他店振出小切手 ……………………………… 現金勘定で処理
・小切手をただちに当座預金に預け入れた場合 … 当座預金の増加

1 当座預金とは

当座預金は、小切手で預金を引き出すのが特徴です。

2 当座取引の処理

(1)預入時

例 0-1

現金 ¥500,000 を当座預金に預け入れた。

(借)当 座 預 金 500,000 　(貸)現 　　　　 金 500,000

(2)引出時

例 0-2

建物 ¥300,000 を購入し、その代金を小切手を振り出して支払った。

(借)建 　　　　 物 300,000 　(貸)当 座 預 金 [01] 300,000

> 「小切手を振り出した」という表現を見た場合には、すぐに当座預金を減少させます。それは、小切手が当座預金を引き出すために用いられるものだからです。

> 01)つまり、小切手はもらうと現金、支払うと当座預金となります。

3 小切手などをすぐに当座預金としたときには

例 0-3

土地 ¥200,000 を売却し、代金の ¥200,000 は相手方振出しの小切手で受け取り、直ちに当座預金に預け入れた。

(借)当 座 預 金 200,000 　(貸)土 　　　　 地 200,000

上記の仕訳は次に示す２つの仕訳を相殺したものです。

| 小切手の受取り | (借)現 金 200,000 | (貸)土 地 200,000 |
| 当座預金への預入れ | (借)当座預金 200,000 | (貸)現 金 200,000 |

4 当座預金出納帳とは

当座預金出納帳[02]とは、当座預金に関する取引のみを記録するための帳簿です。

02)当座預金出納帳は補助記入帳のひとつです。

❶摘要欄には取引内容を「回収」「預入れ」など簡略に記入します。

❷当座預金の増加は収入欄に、減少は支出欄に記入します。

❸残高欄にはその時点での残高を記入します。

03)「次月繰越」は本来、朱記（赤字で記入）します。これは、次月繰越の金額が、貸借逆に記入されていることを意味します。本試験においては赤の筆記用具は使用できないため、鉛筆またはシャープペンシルで記入します。

当座預金出納帳

×年		摘　　　要	収　　入	支　　出	残　　高
6	1	前 月 繰 越	380,000		380,000
	2	商 品 の 仕 入 れ		120,000	260,000
	6	預 金 引 出		100,000	160,000
	12	未 収 金 回 収	200,000		360,000
	26	家 賃 の 支 払 い		32,000	328,000
	29	預 金 預 入	70,000		398,000
	30	次 月 繰 越[03]		398,000	
			650,000	650,000	
7	1	前 月 繰 越	398,000		398,000

❹月末残高を支出欄に記入することで、収入欄と支出欄の貸借を一致させます。

コラム　納税準備預金

普通、銀行にお金を預けておけば利息がもらえますが、実は税金が一部引かれているのは皆さんご存知でしょうか？

実はその税金を全額免除することができる裏技（！）が存在するそうです。

一体どのような手続きが必要なのでしょうか？誰でも可能なことなのでしょうか？

金融機関には、普通預金の他に、納税準備預金というのが存在します。

納税準備預金の利息には税金がかかりません。ただし条件としては、その名のとおり納税する目的のための口座なので、納税以外の目的で引き出した場合には通常の預金と同じく税金*がかかります。　*通常利息の20%です。

納税準備預金は、頻繁かつ多額の納税に迫られる企業の利用が多いのですが、私たちのような一般の人でも利用可能です。

そして何より前述のとおり税金がかからないことに加えて、普通預金よりも金利が高いことも大きな特長です。

まとめると、以下の特徴があります。

・利率は普通預金よりも高く設定され、税金はかかりません。

・利率は銀行側から任意に設定されます。

・引出しは、原則として納税にあてるときに限定されます。

・納税以外の目的で引出した場合は普通預金と同様の扱いとなり、税金はかかり、利息も普通預金の利率で計算されます。

Section 1 当座借越
とうざかりこし

重要度 ★★★★★

はじめに

「小切手を振り出すときは、残高に注意してください。残高オーバーになると不渡り[01]になってしまいますよ」とJRA銀行の担当B氏に当座預金口座開設のさいに言われました。しかし、いちいち銀行残高に注意して小切手を振り出すのはやはり面倒です。すると、「では、当座借越契約を結んでみてはいかがでしょう？」と提案されました。

なぜ当座借越契約を結ぶと、当座預金の残高を注意する必要がなくなるのでしょうか。

1 当座借越とは

取引銀行との間に当座借越契約を結んでおけば、当座預金残高を超える小切手を振り出しても、超過額を一時的に、銀行に立て替えて支払ってもらうことができます。**この立替額を「当座借越[02]」といい、当社からすれば「一時的な借入」という意味をもっています。**

> 01) このような小切手を銀行に持ち込んでも換金することはできません。銀行が代金支払いを停止することを「小切手の不渡り」といいます。
>
> 02) 銀行側の立場から「当座貸越」ということもありますが、同じことを意味しています。

2 当座借越の処理

当座借越の処理では、①借越をしたとき ②再び、当座預金口座に入金があったとき（すなわち、当座借越を返済したとき）、の２つに注意してください。

なお、このさいの処理方法には、(1)当座預金勘定と当座借越勘定を用いて処理する二勘定制と(2)当座勘定のみで処理する一勘定制とがあります。

①借越時 → ②入金（返済）時

(1)二勘定制

当座預金勘定（資産の勘定）と当座借越勘定（負債の勘定）の２つの勘定を用いて処理する方法を、二勘定制といいます。
にかんじょうせい

①借越時

例 1-1

買掛金支払のため ¥200,000 の小切手を振り出した。当座預金残高は ¥50,000 であり、借越限度額 ¥300,000 の当座借越契約を取引銀行との間に結んでいた。

当座借越契約を結んでいるときには、買掛金を ¥200,000減らすとともに、当座預金勘定の貸方に ¥50,000 と記入して当座預金を減らします。また不足分は当座借越勘定（負債の勘定）の増加として処理します。不足

> 当座借越に対して利息も発生します。当座預金が無利息なことを思うと、個人的には納得がいかないのですが…。

分 ¥150,000 が銀行からの一時的な借入だからです。

（借）買　　掛　　金	200,000	（貸）当　座　預　金	50,000
		当　座　借　越	150,000

②借越返済時

例 1-2

現金 ¥400,000 を当座預金口座に預け入れた（当座借越は ¥150,000 あるものとする）。

　当座預金口座に入金があったときに当座借越の返済は行われます。このときに銀行は、入金額の中から当座借越の金額 ¥150,000 を自動的に差し引き、残額 ¥250,000 を当座預金とします。そこで、**まず当座借越をなくし、次に残りの ¥250,000 について当座預金勘定の借方に記入する処理を行います。**

（借）当　座　借　越	150,000	（貸）現　　　　　金	400,000
当　座　預　金	250,000		

> 現金の入金額全額（¥400,000）を当座預金勘定の増加としないようにしてください。

Try it 例題

当座借越の処理

次の連続した取引について、当座預金勘定と当座借越勘定の２つの勘定を用いて処理する方法（二勘定制）で仕訳を行いなさい。

4.10　関西商店より商品 ¥600,000 を仕入れ、代金は小切手を振り出して支払った。なお、当座預金勘定の残高は ¥200,000 であり、借越限度額 ¥500,000 の当座借越契約を結んでいる。

4.11　東海商店より売掛金の回収として ¥500,000 の小切手を受け取り、直ちに当座預金とした。

解答

4.10	（借）仕　　　　　入	600,000	（貸）当　座　預　金	200,000
			当　座　借　越	400,000
4.11	（借）当　座　借　越	400,000	（貸）売　　掛　　金	500,000
	当　座　預　金	100,000		

(2)一勘定制

いちかんじょうせい

　これは二勘定制のように、資産である当座預金勘定と負債である当座借越勘定とを分けず、2つの勘定の性質をあわせもった**当座勘定**⁰³⁾のみで処理を行う方法です。

03)このような勘定を混合勘定といいます。

①借越時

例 1-3

買掛金支払いのために ¥200,000 の小切手を振り出した（なお、当座預金残高は ¥50,000、借越限度額 ¥300,000 の当座借越契約を結んでいる）。

「借越限度額を超えて小切手を振り出した」という問題は見たことがありません。きっと不渡小切手の発行は倒産に直結しているためでしょう。

　一勘定制の場合に当座借越契約を結んでいたときには、買掛金 ¥200,000 を減らすとともに、当座勘定の貸方に ¥200,000 と記入します⁰⁴⁾。

（借）買　　掛　　金	200,000	（貸）当　　　　座	200,000

②借越返済時

例 1-4

現金 ¥400,000 を当座預金口座に預け入れた（当座借越は ¥150,000 あるものとする）。

04)この方法はいちいち当座預金残高をチェックしなくても小切手振出しの仕訳を行うことができるため、二勘定制に比べて記帳が簡単です。また、当座預金勘定に対して当座預金出納帳（2−3ページ）があるように、当座勘定に対して当座勘定出納帳もあります。

　当座借越を返済したときには、当座借越の返済分と当座預金への入金分を区別せずに、当座勘定の借方に記入します。

（借）当　　　　座	400,000	（貸）現　　　　金	400,000

05)当座勘定が貸方残の場合は、当座借越があることを示します。
06)当座勘定が借方残の場合は、当座預金があることを示します。

①借越時の当座勘定

当　　座

預金残高 50,000	200,000
150,000 貸方残高⁰⁵⁾	

➡

②返済時の当座勘定

当　　座

預金残高 50,000	200,000
入　金　額 400,000	250,000 借方残高⁰⁶⁾

当座借越の処理

次の連続した取引について、当座勘定のみで処理する方法（一勘定制）で仕訳を行いなさい。

4.10 関西商店より商品 ¥600,000 を仕入れ、代金は小切手を振り出して支払った。なお、当座預金勘定の残高は ¥200,000 であり、借越限度額 ¥500,000 の当座借越契約を結んでいる。

4.11 東海商店より売掛金の回収として ¥500,000 の小切手を受け取り、直ちに当座預金とした。

解答

| 4.10 | （借）仕 | 入 | 600,000 | （貸）当 | 座 | 600,000 |
| 4.11 | （借）当 | 座 | 500,000 | （貸）売 掛 金 | | 500,000 |

Section 1 のまとめ

	二勘定制	一勘定制
借越時[01]	（借）○ ○ ○ ×××（貸）当座預金　× 当座借越　××	（借）○ ○ ○ ×××（貸）当　座 ×××
返済時[02]	（借）当座借越　××（貸）○ ○ ○ ××× 当座預金　×	（借）当　座 ×××（貸）○ ○ ○ ×××

01）当座預金残高を超える支払いを想定している

02）当座借越残高を超える預け入れを想定している

Section 2 外貨預金

重要度 ★★★★☆

はじめに

売上も好調で、資金的に余裕が出てきました。資金を運用する方法について、知り合いのファイナンシャル・プランナーに相談したところ、「今は円よりドルの利率がかなり高いので、銀行に円をドルに交換して預けたらどうですか。」と言われました。このとき、どのように処理する必要があるのでしょうか。

1 外貨預金とは

外貨預金とは、ドルやユーロなど、外国通貨で預けた預金をいいます。外貨預金や、海外への商品の輸出、海外からの商品の輸入など、取引価額が外国通貨の単位で表示される取引を**外貨建取引**といいます。

外貨建取引を会計帳簿に記録するためには、取引価額を円建[01]に直す必要があります。**外貨建金額を円建に直すことを換算といいます。**

> 預け入れる時は銀行で円を外貨に交換してもらいます。

> 01) 円単位で示されているものを円建、ドル単位で示されているものをドル建といいます。

2級では外貨建取引のうち、外貨預金のみ学習していきます。

外貨建取引の換算は、次の時点で必要になります。
①取引の発生時　②決算時　③決済時

2 取引発生時の換算

取引発生時(預入れ時)には、外貨建金額を取引時の為替レートで換算し記帳します。

例2-1

現金￥100,000を1,000ドルに交換し、外貨預金に預け入れた。預入時の為替レートは1ドル￥100であった。

(借)外 貨 預 金 100,000 [02] 　(貸)現 　　　　金 100,000

> 外貨預金の利息受取り時の仕訳は次のとおりです。
> (借) 外貨預金　3,000
> 　(貸) 受取利息　3,000

> 02) 1,000ドル×￥100/ドル
> ＝￥100,000

3 決算時の換算

　外貨建の資産や負債は、決算時に換算を行います[03]。これは取引時から決済時までの期間が長期にわたる資産や負債が、レートの変動により実態とかけ離れるのを避ける必要があるためです。

　この取引と決算時の為替レートの変動から生じる差額を為替差損益として処理します。

> 03) 収益や費用は取引時に確定するので決算時に換算することはありません。

取引時 ⇒ 決算時 ⇒ 決済時
　　　　　　　⇓　　　　　　⇓
　　　　　為替差損益[04]　　為替差損益

> 04) 換算を行えば、必ず為替差損益が生じると考えてください。

> **例2-2**
> 決算時に外貨預金 1,000 ドルについて換算替えを行った。決算時の為替レートは 1 ドル¥105 であった。

(借)外 貨 預 金	5,000 [05]	(貸)為 替 差 益	5,000

> 05)（¥105/ドル−¥100/ドル）
> 　× 1,000 ドル＝¥5,000

4 決済時の換算

　決済時（引出し時）には、取引時（前期末に換算替えを行っている場合には決算時）と決済時の為替レートの変動から生じる差額を、為替差損益として処理します。

> **例2-3**
> 外貨預金 1,000 ドル（簿価¥105,000）全額を引き出し、円に交換し現金として受け取った。引出し時の為替レートは 1 ドル¥103 であった。

> 実際には、円をドルに交換する時とドルを円に交換する時に手数料を銀行に支払います。手数料を含めて外貨で運用すべきかを判断します。

(借)現　　　　　　金	103,000 [06]	(貸)外 貨 預 金	105,000
為 替 差 損	2,000 [07]		

> 06) 1,000 ドル×¥103/ドル
> 　＝¥103,000
> 07)（¥103/ドル−¥105/ドル）
> 　× 1,000 ドル＝△¥2,000

5 損益計算書の表示

　損益計算書上は、換算によって生じた為替差損益の純額を「為替差益」（営業外収益）または「為替差損」（営業外費用）として、いずれかの区分に表示します。

例2-4

当期末における為替差損勘定残高は¥10,000、為替差益勘定残高は¥60,000であった。損益計算書を作成する。

| 損 益 計 算 書 | | | （単位：円） |
費　用	金　額	収　益	金　額
		為 替 差 益	50,000

¥60,000 − ¥10,000 = ¥50,000
為替差益　　為替差損　　為替差益

外貨預金

次の一連の取引の仕訳を示しなさい。

(1) 普通預金¥210,000を2,000ドルに交換し、外貨預金に預け入れた。預入れ時のレートは1ドル¥105である。

(2) 決算にあたり外貨預金2,000ドルの換算替えを行う。決算時の為替レートは1ドル108円である。

(3) 翌期になり、外貨預金2,000ドルを全額引き出し、普通預金に振り替えた。引出し時の為替レートは1ドル¥110であった。

(1) （借）外 貨 預 金 *210,000*　　（貸）普 通 預 金 *210,000*
(2) （借）外 貨 預 金 *6,000*　　（貸）為 替 差 益 *6,000*
(3) （借）普 通 預 金 *220,000*　　（貸）外 貨 預 金 *216,000*
　　　　　　　　　　　　　　　　　　　　為 替 差 益 *4,000*

(1) 外貨預金：2,000ドル×¥105/ドル＝¥210,000
(2) 為替差益：（¥108/ドル−¥105/ドル）×2,000ドル＝¥6,000
(3) 普通預金：2,000ドル×¥110/ドル＝¥220,000
　　 為替差益：（¥110/ドル−¥108/ドル）×2,000ドル＝¥4,000

Section 2のまとめ

■外貨預金とは　　外国通貨で預けた預金

(1)預入れ時　　（借）外 貨 預 金　　×　　（貸）現 金 な ど　　×

(2)決 算 時　　（借）外 貨 預 金　　×　　（貸）為 替 差 益　　×
（為替差益の場合）

(3)引出し時　　（借）現 金 な ど　　×　　（貸）外 貨 預 金　　××
（為替差損の場合）　　　　為 替 差 損　　×

Chapter 3

手形等の処理

手形等の処理の全体像

ココがPOINT!!

電子記録債権は売上債権を電子化したもの？

　約束手形の基本的な処理を学習し、資金繰りのために決済期日の前に銀行に買い取ってもらった場合（手形の割引き）や、買掛金支払いのために受取手形を譲渡した場合（手形の裏書き）などについてみていきます。

　ただし、手形だと紛失や盗難の心配もあり、印紙税などのコストもかかり事務手続きが面倒です。この手形の問題点を克服するために新たに生まれたのが電子記録債権です。分割して割引きや譲渡もでき、資金調達がしやすい点も特長です。手形に準じた処理を行うのがポイントです。

約束手形（やくそくてがた）

はじめに

柳川商店から商品を仕入れましたが、あいにく現金で支払う余裕がありません。2カ月後には売上代金が入るので仕入代金を支払うことができます。そこで、仕入代金の支払いを2カ月後に延ばすために、柳川商店に「約束手形」を振り出すことにしました。
どうして「約束手形」を振り出すと、代金の支払いを先延しにすることができるのでしょうか？

1 約束手形とは

当社[01]が柳川商店[02]に対して「2カ月たったら代金を支払います」と約束するために発行する証券を**約束手形**といいます。

> 01）支払人（振出人）…約束手形の発行人。手形代金の支払義務を負う人。当社の立場。
>
> 02）名宛人（指図人）…約束手形の受取人。手形代金を受け取る権利をもつ。柳川商店の立場。
>
> 03）手形に記載された支払額を「額面金額」といいます。「額面どおりに受け取るわけにはいかない」というときの額面という言葉は、きっとここから生まれたのですね。
>
> 04）「お支払い致します」と言っていますね。

2 約束手形の処理

約束手形の処理では、①手形を振り出したとき、②手形代金を決済したとき、の2つに注意してください。

```
①振出時  →  ②決済時
```

(1)支払人（振出人）の処理

①振出時

例1-1

仕入先から商品 ¥500,000 を仕入れ、約束手形を振り出した。

> 「約束手形を振出し」とあれば、支払手形を思い出してください。

約束手形を振り出したときには、**支払手形勘定（負債の勘定）の増加**として処理します。これは決済期日になったら代金 ¥500,000 を支払う義務が生じるからです。

（借）仕　　　　　　入　500,000　（貸）支　払　手　形　500,000

②決済時

例1-2
決済期日になり手形代金 ¥500,000 が当座預金口座から引き落とされた。

手形代金を支払ったときには、**支払手形勘定の借方に記入**します。これは手形代金の支払義務がなくなったためです。

（借）支 払 手 形 500,000 （貸）当 座 預 金 ⁰⁵⁾ 500,000

05) 手形の決済は通常、当座預金口座を通じて行います。

(2)受取人（名宛人・指図人）の処理

①受取時

例1-3
商品 ¥500,000 を販売し、代金として先方振出しの約束手形で受け取った。

約束手形を受け取ったときには、**受取手形勘定（資産の勘定）の増加**⁰⁶⁾として処理します。これは、決済期日には手形代金 ¥500,000 を受け取ることができる権利が生じるためです。

（借）受 取 手 形 500,000 （貸）売 上 500,000

06) 当社が振り出した手形を受け取った場合には、支払手形の減少として借方に記入します。

「約束手形で受取り」とあれば、受取手形を思い出してください。

②決済時

例1-4
かねて受け取っていた約束手形 ¥500,000 が満期となり、当座預金に振り込まれた。

手形代金を受け取ったときには、**受取手形勘定の貸方に記入**します。これは手形代金受取りの権利がなくなったためです。

（借）当 座 預 金 500,000 （貸）受 取 手 形 500,000

Try it 例題

約束手形の処理

次の取引について神田商店と東京商店の仕訳をしなさい。

10.18 神田商店は仕入先東京商店に対する買掛金 ¥300,000 を支払うために、同店[07]を受取人とする約束手形♯100（支払期日12.18）を振り出して手渡した。

12.18 手形の決済期日につき、神田商店は上記手形代金を当座預金口座を通じて東京商店に支払った。

> 07)直前に記された店を指します。
> ここでは東京商店。

解答

神田商店の仕訳

10.18	（借）買　掛　金	300,000	（貸）支　払　手　形	300,000
12.18	（借）支　払　手　形	300,000	（貸）当　座　預　金	300,000

東京商店の仕訳

10.18	（借）受　取　手　形	300,000	（貸）売　掛　金	300,000
12.18	（借）当　座　預　金	300,000	（貸）受　取　手　形	300,000

Section 1のまとめ

約束手形の支払人（振出人）　――――→　支払手形勘定で処理

約束手形の受取人（名宛人・指図人）　――→　受取手形勘定で処理

Section 2 手形貸付金と手形借入金

重要度 ★★☆☆☆

はじめに

商品を大量に仕入れたため、資金が底をついています。そこで、知り合いの尾道商店の尾道氏に資金の融資を頼んだところ、「わかったよ。じゃあ、借用書代わりに約束手形を振り出して渡してくれ」と言われました。
なぜ、手形が借用書代わりとなるのでしょうか？

1 手形借入とは

借用証書の代わりに約束手形を振り出して資金を借り入れることを手形借入といいます[01]。**手形借入をしたときには、単なる借入金勘定ではなく手形借入金勘定（負債の勘定）の増加として処理します。**

手形を金銭の貸借に用いると、返済期日に銀行間で自動的に決済されます。また期日に返済しないと借主は手形を不渡りにすることになるため、返済に強制力があるなどの理由で用いられています[02]。

> 01) 借用証書を作成するよりも手形を用いたほうが印紙代などが安くなります。
>
> 02) なお、商品代金の支払い等に用いる手形を「商業手形」、資金を借り入れるために用いる手形を「金融手形」といいます。

2 手形借入の処理

手形借入の処理では、(1)手形を振り出して借り入れたとき、(2)手形借入金を決済したとき、の2つに注意してください。

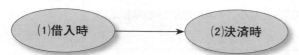

(1)借入時　→　(2)決済時

(1)借入時

例2-1

尾道商店から ¥100,000 を借り入れ、借用証書の代わりとして手形を振り出した。ただし、利息 ¥5,000 を差し引かれ、残額を現金で受け取った。

手形を振り出して資金を借り入れたときには、**手形借入金勘定（負債の勘定）の増加**として処理します。これは、返済期日には ¥100,000 を返済しなければならないことを示しています[03]。

> 商品代金や掛代金の支払いにさいして振り出された手形と異なり、金銭の借入れのために手形を用いるときには支払手形勘定は用いません。

（借）現 金	95,000	（貸）手形借入金	100,000
支 払 利 息	5,000		

> 03) 利息は通常、手形代金に含められます。
> 手形は割引きや裏書きが行われる可能性があるので、利息を別途精算することは、まずありません。

(2)決済時

例2-2

支払期日となり、上記の手形代金 ¥100,000 が当座預金から引き落とされた。

　手形借入金を返済したときには、**手形借入金勘定の減少として処理**します。

（借）手 形 借 入 金　100,000　　（貸）当 座 預 金　100,000

3 貸主（尾道商店）の処理

　貸主である尾道商店の処理はどのように行うのでしょうか。この場合に貸主である尾道商店は**手形貸付金勘定（資産の勘定）を用いて処理**します。

例2-3

尾道商店は ¥100,000 を貸し付け、借用証書の代用として手形を受け取った。ただし、利息 ¥5,000 を差し引き、残額を現金で渡した。

04)受取手形勘定は用いません。

（借）手 形 貸 付 金[04]　100,000　　（貸）現　　　　　金　95,000
　　　　　　　　　　　　　　　　　　　　　受 取 利 息　　5,000

例2-4

本日、手形を担保とした貸付金の満期日となり、¥100,000 が当座預金口座に振り込まれた。

（借）当 座 預 金　100,000　　（貸）手 形 貸 付 金　100,000

4 通常の貸付金・借入金の処理

　借用証書を用いて資金を借り入れたときには、**借入金勘定（負債の勘定）**を用いて処理します。また、貸主は**貸付金勘定（資産の勘定）**で処理します。なお、手形貸付金勘定や手形借入金勘定とは区別することに注意してください。

Try it 例題 手形貸付金・手形借入金の処理

次の一連の取引について徳島商店と高知商店の仕訳を行いなさい。

5.1 徳島商店は高知商店から、資金 ¥2,500,000 の融資の要請を受け、利息分 ¥75,000 を差し引き、小切手を振り出して約束手形を受け取った。

10.31 徳島商店は、さきに高知商店に貸し付けたさいに受け取った約束手形 ¥2,500,000 が満期日となり、当座預金口座に振り込まれた。

徳島商店の仕訳

5.1	（借）手形貸付金	2,500,000	（貸）当座預金	2,425,000
			（貸）受取利息	75,000
10.31	（借）当座預金	2,500,000	（貸）手形貸付金	2,500,000

高知商店の仕訳

5.1	（借）現金	2,425,000	（貸）手形借入金	2,500,000
	支払利息	75,000		
10.31	（借）手形借入金	2,500,000	（貸）当座預金	2,500,000

Section 2のまとめ

☆手形借入金・手形貸付金は、手形を借用証書の代わりとして用い、借入れ・貸付けを行うことです。

	借 入 時	返 済 時
借主	（借）現　金　×× （貸）手形借入金 ××× 　　　支払利息　　×	（借）手形借入金 ××× （貸）当座預金 ×××
貸主	（借）手形貸付金 ××× （貸）現　金　×× 　　　　　　　　　　　　　　受取利息　×	（借）当座預金 ××× （貸）手形貸付金 ×××

手形の割引き・裏書き

> ### はじめに

月末が近づき、従業員の給料や諸経費を支払うための資金が必要です。しかし、相変わらずお店の資金には余裕がありません。売上代金として受け取った約束手形はあるのですが、手形代金を受け取れる満期日はまだまだ先です。

どうすれば、この手形をすぐに現金化することができるでしょうか？

1 手形の割引きとは

　所有している手形は、銀行に持ち込むことにより、一定の割引料を支払って満期日前に買い取ってもらうことができます。これを手形の割引きといいます。手形を買い取ってもらうことによって、満期日まで待たなくても手形を換金することができます。

> 01) 割引料は、割引日から満期日までの利息に相当するといわれています。

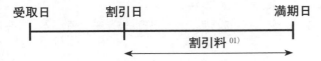

2 手形の割引きの処理

例3-1

額面 ¥50,000 の約束手形を取引銀行で割り引き、割引料 ¥2,000 を差し引かれた残金を当座預金とした。

　所有している手形を銀行で割り引いたときは、受取手形勘定を減らします。これは手形を銀行に売却したためです。

　また、手形を割り引いたときの割引料は「**手形売却損勘定**」で処理します。これは、手形を額面額以下で銀行に売却したことにより、生じた損失と考えます[02]。

> 02) 手形を額面額以上で買い取ってもらえることはないので、「手形売却益」が計上されることはありません。

(借)	当 座 預 金	48,000	(貸)	受 取 手 形	50,000
	手 形 売 却 損	2,000			

3 手形の裏書譲渡とは

　所有している手形の権利を満期日前にそのまま第三者に譲ってしまうことを、手形の裏書譲渡といいます。所有している手形の裏面に、署名または記名、押印して譲渡することから裏書譲渡といわれています。

4 裏書譲渡の処理

例3-2

当社は、仕入先石原商店から商品を ¥200,000 で仕入れ、所有している手形を譲渡した。

　所有している手形を裏書譲渡したときには、受取手形勘定を減らします。これは、手形代金を受け取る権利を石原商店に譲ったからです。
　また手形を割り引く場合と違って、譲渡した日から満期日までの利息を支払うことはありません[03]。

> 03)手数料の負担を考えると、手形を割り引く場合に比べて、当社にとってのメリットは大きいのですが、現金が必要な場合にはこの方法では意味がありません。

（借）仕	入	200,000	（貸）受 取 手 形	200,000

〈当社〉　　　　　　　　〈石原商店〉

振出人　　手形　→　受取人　　手形　→　新しい受取人

5 手形を譲り受けた石原商店の処理

　手形を当社から譲り受けた石原商店の処理を考えます。手形を譲り受けたときは、石原商店では手形代金を満期日になったら受け取ることができるので、受取手形勘定を用いて処理します。

例3-3

石原商店は商品¥200,000 を販売し、代金として約束手形を裏書きされ、譲り受けた。

（借）受 取 手 形	200,000	（貸）売	上	200,000

Try it 例題 　**手形割引の処理**

次の取引を仕訳しなさい。

5.14　かねて、埼玉商店から受け取った約束手形 ¥400,000 を取引銀行で割り引き、割引料 ¥6,000 を差し引かれた残額を当座預金とした。

7.25　得意先千葉商店より受け取った約束手形 ¥600,000（満期日 8 月 23 日）を取引銀行で割り引き、割引料 ¥3,600 を差し引かれた残額を当座預金とした。

解答

5.14	（借）当 座 預 金	394,000	（貸）受 取 手 形	400,000
	手 形 売 却 損	6,000		

7.25	（借）当 座 預 金	596,400	（貸）受 取 手 形	600,000
	手 形 売 却 損	3,600		

Try it 例題 　**手形の裏書譲渡**

次の取引について、山口商店と岡山商店の仕訳をしなさい。

5.15　山口商店は岡山商店に対する買掛金 ¥300,000 の支払いのため、島根商店振出し、山口商店宛の約束手形を裏書きして譲渡した。

5.31　山口商店は岡山商店から商品 ¥200,000 を仕入れ、代金は大阪商店振出しの約束手形を裏書譲渡した。

解答

山口商店の仕訳

5.15	（借）買　　掛　　金	300,000	（貸）受 取 手 形	300,000
5.31	（借）仕　　　　入	200,000	（貸）受 取 手 形	200,000

岡山商店の仕訳

5.15	（借）受 取 手 形	300,000	（貸）売　　掛　　金	300,000
5.31	（借）受 取 手 形	200,000	（貸）売　　　　上	200,000

Section 3のまとめ

☆手形の割引きは、手形の支払期日前に銀行にこれを買い取ってもらい、
一定の割引料を支払うことです。

↓

支払期日前に換金できるため、利息としての性質を有しています。

（借）当座預金	××	（貸）受取手形	×××
手形売却損	×		

↓

割引料相当分

☆手形の裏書譲渡は、所有している手形の権利を満期日前（支払期日前）
にそのまま第三者に譲ることです。

裏 書 譲 渡 し た 人	（借）仕　　入　×××　（貸）受取手形　×××
裏書譲渡を受けた人	（借）受取手形　×××　（貸）売　　上　×××

※約束手形の振出人からみれば、手形を持っている人（＝手形代金を支払う相
手）が変わるだけです。

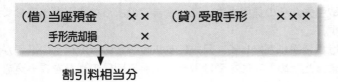

コラム　手形トリビア

"空手形を切る"というと、「守るつもりもない約束をする」という意味
で使われますね。このように、手形は日本の社会になじんでいるようで、
手形そのものにもいろいろなアダ名（?）がつけられています。ここで少
し紹介しておきましょう。

せんべい手形⇒「せんべいはどこでも割れる」ということから、振出人
　　　　　　　などに、絶対的な信用があり、倒産するなどと考えら
　　　　　　　れないため、「どこの金融機関でも割り引いてもらえ
　　　　　　　る（信用度の高い）手形」という意味[04]。

鉄 板 手 形⇒「鉄板は割りようがない」ということから、振出人に信
　　　　　　　用がなく、「どこの金融機関でも割り引いてもらえな
　　　　　　　い手形」という意味[05]。

台 風 手 形⇒「台風は210日」ということから、満期日までの期間が
　　　　　　　長い手形。さらに長いものを「お産手形」（十月十日）と
　　　　　　　いいます。ちなみに現在、わが国では手形の満期まで
　　　　　　　の期間は長くても90日程度といわれています。

飛 行 機 手 形⇒「飛行機は滅多に落ちない」ということから、「滅多に決
　　　　　　　済（支払い）してもらえない手形」という意味。最悪…。

04）大阪出身の私には東京
で出回っている堅い堅
い草加せんべいを食べ
ると、とても「どこでも
割れる」とは思えません
が…。

05）「手堅い」という意味
じゃないんですよ。

手形の更改

はじめに

会社の規模が大きくなってくると、支払いや受取りの手段として約束手形を用いることがありますが、手形取引は、お互いに信頼関係があってこそ成り立つ信用取引です。振り出した手形の代金を支払期日に準備して支払うことができないと、取引先からの信用を失って、今までのような取引が出来なくなってしまいます。

それなのに今月は資金繰りが厳しく、月末に支払う予定の手形代金の準備が難しくなってしまったため、手形を受け取った相手に期日の延長を頼み込むことにしました。

1 手形の更改

手形の更改とは、手形債務者が支払期日に資金の都合がつかないときに、手形債権者の承諾を得て、新しい手形を振り出して旧手形と交換する手続きによって、支払期日を延長することをいいます[01]。

そのさい、支払期日の延長日数に応じた利息を、(1)現金等で支払う場合と、(2)新しい手形の額面金額に含める場合とがあります。

> 01) 当社が振り出した手形を保有し続けていることが前提となります。

(1)利息を現金等で支払う場合

例4-1

当社は柏商店に対する買掛金の支払いのため ¥80,000 の約束手形を振り出していたが、満期日が近づいたにもかかわらず決済の見通しが立たないため、柏商店に手形の更改を申し入れ、承諾された。このさいの利息 ¥2,000 は現金で支払った。

> 02) 新たに別の手形を振り出しているので、貸借の勘定科目が同じであっても、手形の更改については仕訳を行い、相殺することはありません。

当　社(債務者)の処理	(借)支払手形	80,000	(貸)支払手形[02]	80,000
	(借)支払利息	2,000	(貸)現　　金	2,000
柏商店(債権者)の処理	(借)受取手形	80,000	(貸)受取手形	80,000
	(借)現　　金	2,000	(貸)受取利息	2,000

(2)利息を額面金額に含める場合

上記の取引において、利息を新しい手形の額面金額に含めたときには、次のように処理します。

当　社(債務者)の処理	(借)支払手形	80,000	(貸)支払手形	82,000
	支払利息	2,000		
柏商店(債権者)の処理	(借)受取手形	82,000	(貸)受取手形	80,000
			受取利息	2,000

2 営業外受取手形と営業外支払手形

　これまで学習してきた受取手形勘定や支払手形勘定は、主たる営業取引（商品売買）で生じた約束手形を処理するための勘定です。

　手形は、固定資産の購入や売却など、**主たる営業取引以外の取引**でも用いられることがあります。この場合、受取手形勘定や支払手形勘定とは区別して、**営業外受取手形勘定**（資産）や**営業外支払手形勘定**（負債）で処理します。

例4-2

商品売買業を営む当社は、同じく商品売買業を営む旭商店に取得原価 ￥73,000 の土地を ￥80,000 で売却し、代金は同店が振り出した約束手形で受け取った。

当　社（受取人）の処理	（借）営業外受取手形 80,000	（貸）土　　　　　　地	73,000
		固定資産売却益	7,000
旭商店（振出人）の処理	（借）土　　　　　地 80,000	（貸）営業外支払手形	80,000

手形の更改

次の取引について仕訳を示しなさい。

　得意先の山形商店から同店振出し、当社宛の約束手形 ￥100,000につき、手形の更改の申入れがあり、それに応じることにし、旧手形を引き渡して新手形を受け取った。なお、支払期日延長に伴う利息 ￥2,000は新手形の額面に加えた。

（借）受　取　手　形	102,000	（貸）受　取　手　形	100,000
		受　取　利　息	2,000

Section 4のまとめ

■手形の更改 更改…手形債権者の承諾を得て、新しい手形を振り出して旧手形と交換することによって、支払期日を延長すること。

手形更改時 山本商事は、藤川商店に¥40,000の約束手形を振り出していたが、資金の見通しが立たないため、藤川商店の了承を得て手形の更改を行った。なお、利息 ¥1,000は新手形に含めることとした。

山本商事

(借)支　払　手　形	40,000	(貸)支　払　手　形	41,000
支　払　利　息	1,000		

┌負債の減少　　　　　　　　　　　┌負債の増加

└費用の発生

藤川商店

(借)受　取　手　形	41,000	(貸)受　取　手　形	40,000
		受　取　利　息	1,000

┌資産の増加　　　　　　　　　　　┌資産の減少

└収益の発生

※手形の更改については、新たに別の手形を振り出しているので、貸借の勘定科目が同じであっても相殺しません。

手形決済時 上記の手形が満期日に当座預金で決済された（相手勘定は当座預金とする）。

山本商事

(借)支　払　手　形	41,000	(貸)当　座　預　金	41,000

藤川商店

(借)当　座　預　金	41,000	(貸)受　取　手　形	41,000

■営業外受取手形（支払手形） 固定資産の購入や売却など、主たる営業活動以外の取引で用いられる手形

手形振出時 岩崎商店は、京都商店に取得原価¥25,000の土地を¥30,000で売却し、代金は同店が振り出した約束手形で受け取った。なお、両商店ともに商品売買業を営んでいる。

岩崎商店

(借)営業外受取手形	30,000	(貸)土　　　　　地	25,000
		固定資産売却益	5,000

京都商店

(借)土　　　　　地	30,000	(貸)営業外支払手形	30,000

Section 5 手形の不渡り

重要度
★★★★★

はじめに

当社は、先月乙商店に家具を販売し、同商店振出しの約束手形を受け取っていました。しかし今月になり、乙商店の資金繰りが悪化して、当社が受け取っていた手形が不渡りになってしまいました。

ところで、不渡りにはなったものの、当社にはこの手形の代金を請求する権利があるので、乙商店に対する債権は残ることになります。しかし、健全な債権というわけでもないので、受取手形勘定で処理するのもおかしな話です。いったい、どのように処理すべきなのでしょうか。

1 手形の不渡りとは

手形の不渡りとは、手形の所持人が決済日（支払期日）に手形代金の支払いを受けられなくなることです。

手形が不渡りとなったとき、手形の所持人は、改めて手形の振出人または裏書人に対して手形代金の支払いを請求することができます。

> これは単に、決済日に手形代金の支払いが受けられなかったという事実を意味するものであり、手形代金の回収不能を意味するものではありません。手形の貸倒れと区別しておきましょう。

振出人　　　　　　　　　　裏書人

2 不渡手形の処理

手形が不渡りとなったときは、手形代金の他に手形の不渡りに伴う諸費用[01]をすべて不渡手形勘定で処理します。不渡手形勘定は**手形の振出人等への支払請求権**を示すものですから、資産の勘定として扱います。以下、**所持している手形が不渡りとなった場合**について考えます。

> 01)決済日後の法定利息、およびその他手形の償還請求に要した費用をいいます。

▶**所持している手形の不渡り**

手形の額面金額および手形の不渡りに伴う諸費用を**不渡手形勘定の増加**として処理し、手形の額面金額について受取手形勘定を減少させます。

例5-1

先日、売上代金として受け取ったベガ商店振出しの約束手形 ￥100,000 が不渡りとなり、同店に償還請求を行った。なお、償還請求費用 ￥2,000 を現金で支払った。

手形代金と諸費用の合計額を、不渡手形勘定で処理します。

（借)不 渡 手 形	102,000	（貸)受 取 手 形[02]	100,000
		現　　　　金	2,000

> 02)所持している手形の不渡り＝受取手形の減少とします。

3 不渡手形の貸倒れ

　不渡りとなった手形は、手形の振出人の倒産等によって、**回収不能が確実となったときに貸倒れ**として処理します。

例5-2

得意先C商店が倒産し、同店に対する不渡手形 ￥500,000（前期発生分）[03] が回収不能となったので、これを貸倒れとして処理することにした。なお、貸倒引当金の残高が ￥400,000 ある。

03)当期発生分の場合、全額を貸倒損失で処理します。

（借）貸 倒 引 当 金	400,000	（貸）不 渡 手 形	500,000
貸 倒 損 失	100,000		

4 不渡手形の回収

　不渡手形が無事に回収されたさいには、不渡手形勘定の減少として処理します。

例5-3

不渡手形として処理していた ￥102,000 が、満期日以降の法定利息 ￥8,000 とともに当座預金口座に振り込まれた。

（借）当 座 預 金	110,000	（貸）不 渡 手 形	102,000
		受 取 利 息	8,000

不渡手形の処理

以下の取引について仕訳を示しなさい。

(1)　売掛金の回収として、受取手形 ￥8,000 を受け取った。

(2)　上記手形 ￥8,000 が不渡りになり、償還請求を行った。なお、償還請求費用 ￥400 を現金で支払った。

(1)	（借）受 取 手 形	8,000	（貸）売 掛 金	8,000
(2)	（借）不 渡 手 形	8,400	（貸）受 取 手 形	8,000
			現 金	400

Section 5のまとめ

■手形の不渡り　不渡り…手形の所持人が決済日（支払期日）に手形代金の支払いを受けられなくなること。

不　渡　時

保有している受取手形　¥30,000 が不渡りとなった。なお、償還請求費用 ¥2,000を現金で支払った。

┌資産の増加

（借）不　渡　手　形　　32,000　　（貸）受　取　手　形　　30,000
　　　　　　　　　　　　　　　　　　　　　現　　　　　金　　 2,000

不渡手形決済時

不渡手形として処理していた　¥32,000 が、満期日以降の法定利息 ¥500 とともに当座預金口座に振り込まれた。

┌資産の減少

（借）当　座　預　金　　32,500　　（貸）不　渡　手　形　　32,000
　　　　　　　　　　　　　　　　　　　　　受　取　利　息　　　500

▶ 手形の後悔？ ◀

　手形の更改というのは、簿記では単にこれだけの処理ですが、実務上はとても厳しい場面になります。

　例えば、私がみなさんから物を買って、90日の手形を発行したとしましょう。そして満期日の直前になって私がみなさんに言うのです。「すみませんが、その手形の代金を支払うことができないので、あと30日待ってください」と…。

　さぁ、みなさんはこのとき、どうしますか？

　まず、みなさんが、その代金をあてにしてそれで別の支払いをしようとしていたとすると、別に資金を調達しなければならなくなりますし、額が多額ならば下手をしたら連鎖倒産などということも考えられます。

　仮にそういう問題はなかったとしても、これは難しい判断です。

　この手形を不渡りにして、実質的に相手（私）を倒産に追い込むこともできるのですが、それをやったら、まず代金は返ってこなくなる。

　かといって、手形を発行した後90日かけて支払いの目処が立てられないのに、その相手があと30日で支払えるようになるのか、と考えると、これも厳しそうです。

　結局、担保を取ったり、保証人を立ててもらったりすることになると思うのですが、まぁ微妙な問題です。

　実務上で、仕訳がわかっているからといって、ハイハイと言って仕訳していたら、後で後悔するハメになりますから（笑）、気をつけてくださいね。

Section 6 重要度 ★★☆☆☆

手形記入帳
てがたきにゅうちょう

はじめに

当社も金額の大きい取引が増えてきたため、代金を手形で受け取る機会が増えてきました。今までは、仕訳帳や総勘定元帳の受取手形勘定に記入するだけだったのですが、手形ごとの明細(いつ・誰から受け取ったか・期日はいつか)を把握するのが困難になってきました。

そこで、それらが把握できるように手形記入帳をつけることにしましたが、どのように記録すればよいのでしょうか?

1 受取手形記入帳とは

受取手形に関する取引の明細(いつ、誰から手形を受け取ったか、期日はいつか、どのように決済されたか)について記録するための帳簿(補助記入帳)を受取手形記入帳といいます[01]。

> 01) 受取手形に関する取引が多いときには、この帳簿を用いることにより受取手形に関する情報が整理しやすくなります。

❶摘要欄 ❷支払人欄 ❸振出人または裏書人欄 ❹てん末欄

受取手形記入帳

×1年		手形種類	手形番号	摘要	支払人	振出人または裏書人	振出日		支払日		支払場所	手形金額	てん末		
													日付		摘要
5	2	約手	101	売上	東京商店	東京商店	5	2	7	31	水道橋銀行	20,000	5	31	割引
	16	約手	106	売掛金	大阪商店	京都商店	4	15	6	10	市ヶ谷銀行	10,000	6	10	入金

(受取手形)×××(　　　　)××× となる取引をここに記入

(　　　　)×××(受取手形)××× となる取引をここに記入

<例>(受取手形)×××(売 掛 金)×××
　　　…売掛金の回収
　　　(受取手形)×××(売　　上)×××
　　　…売上代金の受取りなど

<例>(当座預金)×××(受取手形)×××
　　　…手形代金の取立
　　　(当座預金)××(受取手形)×××
　　　(手形売却損)　×
　　　…手形の割引きなど

◆受取手形記入帳の記入方法

❶摘要欄…仕訳の貸方科目を記入します。なお、借方科目は受取手形であることに注意してください。

❷支払人欄…手形代金を最終的に支払う人を記入します。

❸振出人または裏書人欄…手形を振り出した人または裏書した人を記入します。

❹てん末欄…手形が期日に決済されたり割引きされたりと、(受取)手形の減少となる取引をここに記入します。なお、手許に保管中の手形の場合には記入されません。

3-18

② 支払手形記入帳とは

　支払手形の取引の明細（誰にいつ手形を振り出したか、どのように決済されたか）について記録するための帳簿（補助記入帳）を支払手形記入帳といいます[02]。

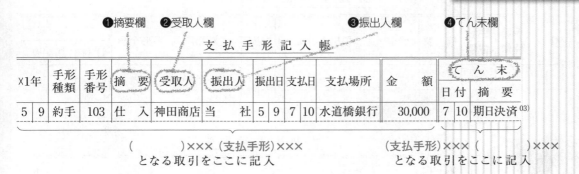

×1年		手形種類	手形番号	摘　要	受取人	振出人	振出日		支払日		支払場所	金　額	てん末	
													日付	摘　要
5	9	約手	103	仕　入	神田商店	当　　社	5	9	7	10	水道橋銀行	30,000	7	10	期日決済[03]

　　（　　　　　）×××（支払手形）×××　　　　　　　（支払手形）×××（　　　　　）×××
　　　となる取引をここに記入　　　　　　　　　　　　　となる取引をここに記入

◆支払手形記入帳の記入方法

❶摘　要　欄…仕訳の**借方科目**を記入します。なお、貸方科目は**支払手形**であることに注意してください。

❷受取人欄…手形の代金を最終的に**受け取る人**を記入します。

❸振出人欄…手形を**振り出した人**を記入します。

❹てん末欄…手形が期日に決済されるなど（支払）**手形の減少**となる取引をここに記入します。なお、未決済の手形の場合には記入されません。

Try it 例題

手形記入帳

次の取引にもとづいて、支払手形記入帳に記入しなさい。

11.4 愛知商店に対する買掛金 ¥400,000 の支払いのため、約束手形 ¥400,000
（No.18、振出日 11 月 4 日、満期日 12 月 20 日、支払銀行 中央銀行）を振り出した。

12.20 上記手形が決済された。

支 払 手 形 記 入 帳

X1年	手形種類	手形番号	摘　要	受取人	振出人	振出日	支払日	支払場所	手形金額	てん末	
										日付	摘　要

解答

支 払 手 形 記 入 帳 [04]

X1年		手形種類	手形番号	摘要	受取人	振出人	振出日		支払日		支払場所	手形金額	てん末		
													日付		摘　要
11	4	約手	18	買掛金	愛知商店	当　社	11	4	12	20	中央銀行	*400,000*	12	20	期日決済

> 04)各取引の仕訳は次のとおりです。
> 11.4（買 掛 金）400,000
> 　　　（支払手形）400,000
> 12.20（支払手形）400,000
> 　　　（当座預金）400,000

Section 6のまとめ

受取手形記入帳	受取手形に関する取引の明細について記録するための帳簿です
支払手形記入帳	支払手形に関する取引の明細について記録するための帳簿です

Section

Section 7 電子記録債権・電子記録債務

重要度 ★★★★☆

はじめに

600円の手形を持っていても、このうちの「300円分だけ割り引く」ことも「200円分だけ裏書譲渡する」こともできません。しかし、これを『でんさいネット』上に登録(発生記録)し、電子記録債権にすることで、これらのことができるようになります。

1 電子記録債権とは

電子記録債権とは、電子債権記録機関[01]への電子記録をその発生・譲渡等の要件とする、既存の売掛債権や手形債権とは異なる新たな金銭債権[02]です。

企業は、保有する売掛債権や手形債権を電子化することで、インターネット上で安全・簡易・迅速に取引できるようになり、紙の手形[03]に代わる決済手段として活用することができます。

> 01) コンピュータ上で、電子債権の債権者・債務者の名前、支払額、支払期日などの情報を記録・管理する業務を行います。
>
> 02) 金銭債権であるため、貸倒引当金の設定対象になります。
>
> 03) 手形は、紙媒体を使用するため、紛失・盗難のリスクなどがありますが、電子記録債権は、そうした問題点を解消することができます。

2 電子記録債権・電子記録債務の処理

電子記録債権は、受取手形に準じて処理します。電子記録債権に関する主な取引として、(1)発生、(2)譲渡、(3)消滅があります。

手形の(1)受取り、(2)割引・裏書、(3)決済と対応させてイメージすると良いでしょう。

> 04) 債権者と債務者のどちらでも発生記録の請求を行えますが、債権者側から行う場合には、債務者の承諾を得る必要があります。

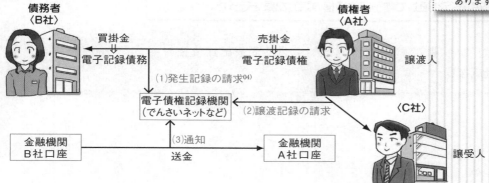

(1)電子記録債権の発生時―手形の受取りをイメージ

例7-1
A社はB社に対する売掛金¥600について発生記録の請求05)を行い、B社の承諾を得て電子記録に係る債権が発生した。

債権者または債務者が、電子債権記録機関に「発生記録」の請求をし、電子債権記録機関が記録を行います。債権者は電子記録債権勘定で、債務者は電子記録債務勘定でそれぞれ処理します。

05)B社（債務者）から行った場合には、その請求により発生記録が成立し、取引銀行よりA社（債権者）へ通知が行われます。

A 社	（借）電子記録債権	600	（貸）売 掛 金	600
B 社	（借）買 掛 金	600	（貸）電子記録債務	600

(2)電子記録債権の譲渡―手形の割引・裏書をイメージ

例7-2
A社は、電子記録債権¥300の取引銀行への譲渡記録を行い、取引銀行から¥5を差し引かれた残額が、当座預金口座へ振り込まれた。

電子記録債権の譲渡人が電子債権記録機関に「譲渡記録」の請求をし、電子債権記録機関が記録を行うことで電子記録債権を譲渡できます06)。

なお、電子記録債権の債権金額と譲渡金額が異なる場合には、差額を電子記録債権売却損で処理します。

06)「分割記録」の請求をすることで、電子記録債権を分割譲渡することもできます。

A 社	（借）当 座 預 金	295	（貸）電子記録債権	300
	電子記録債権売却損	5		
B 社	仕訳なし			

例7-3
A社は、仕入先C社に対する買掛金¥200の支払を電子債権記録機関で行うため、取引銀行を通して電子記録債権の譲渡記録を行った。

A 社	（借）買 掛 金	200	（貸）電子記録債権	200
B 社	仕訳なし			

(3)電子記録債権の消滅―手形の決済をイメージ

例7-4

例7-1 で発生した電子記録債権の支払期日が到来し、B社の当座預金口座を通じて決済が行われた。

　一般的には、支払期日に債務者の取引金融機関の口座から債権者の取引金融機関の口座に自動的に送金されるため、債務者による振込手続きは必要としません。送金が行われた後、電子債権記録機関は取引金融機関から通知を受けることにより支払等の記録が行われ電子記録債権が消滅します。

A　社	（借）当　座　預　金	100	（貸）電子記録債権	100[07]
B　社	（借）電子記録債務	600	（貸）当　座　預　金	600

07)　￥600－￥300－￥200
　　＝￥100

Try it 例題
Q

電子記録債権・電子記録債務の処理

(1)　大阪商店に対する売掛金 ￥40,000について、取引銀行より、電子債権記録機関における債権の発生記録が行われたとの通知を受けた。

(2)　上記電子記録債権のうち、￥10,000が普通預金口座に振込まれた。

(3)　上記電子記録債権のうち、￥20,000について割引を行うために、取引銀行への譲渡記録を行い、取引銀行から ￥600を差し引かれた残額が普通預金口座に振込まれた。

解答
A

(1)	（借）電子記録債権	40,000	（貸）売　　掛　　金	40,000
(2)	（借）普　通　預　金	10,000	（貸）電子記録債権	10,000
(3)	（借）普　通　預　金	19,400	（貸）電子記録債権	20,000
	電子記録債権売却損	600		

Section 7のまとめ

	電子記録債権		電子記録債務	
発生の記録時	（借）電子記録債権 ××（貸）売掛金 ××		（借）買 掛 金 ××（貸）電子記録債務 ××	
債権譲渡時	（借）○○預金 ××（貸）電子記録債権 ××× 電子記録債権売却損 ×		仕訳なし	
支払期日	（借）○○預金 ××（貸）電子記録債権 ××		（借）電子記録債務 ××（貸）○○預金 ××	

有価証券

ココがPOINT!!

有価証券はなぜ持つのか

　有価証券を持つ目的には、短期的な利殖（値が上がったらスグ売ろう！）、長期的な利殖（長い間利息をもらい続けよう）の他に、取引先との関係構築（取引先に対して、株主でもあるという立場を持ちたい）や子会社にして支配するなどといったものがあります。

　この Chapter では、短期的な利殖を目的とした有価証券の処理を見ていきます。

３級の復習

重要ポイント

・有価証券 ＝ 株式 ＋ 社債
・取得：付随費用を原価に含める
・売却：原価と売価の差額が損益
・配当：受取配当金勘定で処理

1 有価証券とは

　株式会社が発行する**株式**や社債、国や地方公共団体が発行する**国債・地方債**をいいます。

2 有価証券の処理

(1)取得時

例 0-1
愛知商事株式会社の株式 300 株を 1 株 @¥700 で購入し、代金は現金で支払った。

（借）有　価　証　券	210,000	（貸）現　　　　　金	210,000

(2)売却時

例 0-2
同社の株式 100 株を 1 株 @¥600 で売却し、代金を当座預金とした。

　売却した有価証券の帳簿価額と売却価格との差額が**有価証券売却益**または**有価証券売却損**となります。

（借）当　座　預　金	60,000	（貸）有　価　証　券	70,000
有価証券売却損	10,000		

　売却分の簿価：@¥700 × 100 株 ＝ ¥70,000
　売却分の売価：@¥600 × 100 株 ＝ ¥60,000
　→簿価と売価の差額　¥10,000（損）

(3)配当受取時（２級の内容）

例 0-3
残りの株式について同社から配当金 ¥3,000 を受取り、当座預金とした。

　配当を受け取ったさいには、**受取配当金勘定**で処理します。

（借）当　座　預　金	3,000	（貸）受　取　配　当　金	3,000

売買目的有価証券の評価替え

Section 1 重要度 ★★★★☆

はじめに

不況にもかかわらず売上を伸ばし、資金的にもかなり余裕が出てきました。そこで、あなたは株式を購入し、余裕資産を運用することにしました。購入した時の価額はよかったのですが、あなたの会社の決算の月には購入時よりも少々値を下げてしまいました。
このとき、何か処理をする必要があるのでしょうか。

1 売買目的有価証券とは

有価証券のうち、時価の変動により売買益を得ることを目的として保有するものを、**売買目的有価証券**といいます。つまり、時価の低いときに買い、高くなったときに売却することでその差額を儲けるために保有しているものです。

> 法律上の有価証券には株式や公社債の他に、小切手や手形も含まれます。したがって、簿記上の有価証券に比べて範囲が広いといえるでしょう。なお、貸借対照表上は「有価証券」として表示します。

2 有価証券運用損益とは

3級では有価証券の売却によって生じた損益は有価証券売却益勘定、有価証券売却損勘定により処理していました。2級では**売買目的有価証券に係る損益**は原則として有価証券運用損益勘定により処理します。

そのため、**収益が生じている**場合には、有価証券運用損益を**貸方**に計上し、損失が生じている場合には**借方**に計上します。

3 売買目的有価証券の評価替え

決算にさいし売買目的有価証券は、時価をもって貸借対照表価額とされるため、原価との差額(評価差額)[01]は当期の損益とします。

> 01) これを時価法といいます。

簿価 < 時価のとき、**有価証券運用損益勘定(収益)**→貸方に計上
簿価 > 時価のとき、**有価証券運用損益勘定(損失)**→借方に計上

例1-1
決算にあたり (1)時価が@¥800だった場合、(2)時価が@¥650だった場合の売買目的有価証券(原価@¥700、200株保有)の評価替えを行った。

(1) (借)売買目的有価証券　20,000　(貸)有価証券運用損益[02]　20,000
(2) (借)有価証券運用損益[03]　10,000　(貸)売買目的有価証券　10,000

> 02) 有価証券評価益勘定が用いられる場合もあります。
> 03) 有価証券評価損勘定が用いられる場合もあります。

簿価：@¥700 × 200株 = ¥140,000
(1)時価：@¥800 × 200株 = ¥160,000 → 簿価との差額 ¥20,000(益)
(2)時価：@¥650 × 200株 = ¥130,000 → 簿価との差額 ¥10,000(損)

売買目的有価証券に係る損益の表示については、下記①〜③のいずれの方法も認められています。

	①	②	③
売却損益	有価証券運用損益	有価証券運用損益	有価証券売却損益
評価損益			有価証券評価損益
配当金	受取配当金		受取配当金

本試験では問題文や解答用紙の指示に従って、解答するようにしてください。

 Try it 例題 Q 売買目的有価証券の評価替え

次の取引の仕訳を示しなさい。

当社は、売買目的でA社株式（120株、取得原価 @¥45,200）を小切手を振り出し取得していたが、当期決算にあたり、時価は @¥50,000となっている。

 解答 A

(借) 売買目的有価証券	576,000	(貸) 有価証券運用損益	576,000

 解説

購入時

(借)売買目的有価証券	5,424,000	(貸)当 座 預 金	5,424,000

@¥45,200 × 120株 = ¥5,424,000

決算時

(借)売買目的有価証券	576,000	(貸)有価証券運用損益	576,000

（@¥50,000 − @¥45,200）× 120株 = ¥576,000

Section 1のまとめ

■売買目的有価証券 の 評 価 替 え　売買目的有価証券は、時価をもって貸借対照表価額とし、評価差額は当期の損益とします。

簿価 ＜ 時価のとき、有価証券運用損益勘定（貸方）

簿価 ＞ 時価のとき、有価証券運用損益勘定（借方）

Chapter 5

固定資産

ココがPOINT!!

間接的に控除する

　売掛金100万円に対して、貸倒引当金が2万円。そうすると、実際に返ってくるであろう債権の額は98万円。これと同じことが固定資産でも行われます。

　備品100万円に対して当期の減価償却が20万円、これを直接、備品勘定から控除するのではなくて、間接的に控除します。

　これによって備品の取得原価100万円は、使用している限り備品勘定に残すことができます。

　この間接控除について、しっかりと身につけてください。

Section 0 3級の復習

重要度 ★★★★★

重要ポイント

・有形固定資産 … 建物、備品、車両運搬具、土地など
・取得：付随費用を取得原価に含める
・決算：定額法により減価償却を行う

1 有形固定資産とは

　企業が長期にわたり使用する目的で保有する資産のうち、具体的な形をもったものを有形固定資産といい、具体的には**建物、備品、車両運搬具、土地**などがあります。

2 有形固定資産の処理

(1)購入時

例0-1

x1年1月1日に業務用パソコンを ¥290,000 で購入し、代金は付随費用 ¥10,000 とともに現金で支払った。

（借）備　　　　品[01]	300,000	（貸）現　　　　金	300,000

> 01)パソコンやトラック等の勘定科目は存在しません。備品勘定や車両運搬具勘定で処理します。

(2)決算時（減価償却の処理）

①減価償却…使用や時の経過による固定資産の価値の減少を見積もり、費用として計上する手続きです。

②定額法……毎年同じ額だけ固定資産の価値は下がると考えて、減価償却費を計算する方法です。

$$\frac{\text{取得原価} - \text{残存価額}^{02)}}{\text{耐用年数}^{03)}} = \text{減価償却費}$$

> 02)耐用年数が経過した後の処分価額です。
> 03)固定資産の使用可能な年数です。

③直接控除法（直接法）
　　　……減価償却費を、減価償却費勘定を用いて計上するとともに、同額だけ固定資産勘定を直接減らす記帳方法です。

（借）減 価 償 却 費	×××	（貸）備 品 な ど	×××

例0-2

x1 年 12 月 31 日となり決算をむかえ、期首に購入したパソコン ￥300,000 について減価償却を行う。なお、このパソコンの耐用年数は 3 年、残存価額は取得原価の 10%であり、定額法による。

（借）減 価 償 却 費 　90,000 ⁰⁴⁾（貸）備 　　　　品 　90,000

04)
$$\frac{¥300,000-¥300,000×10\%}{3年}=¥90,000$$

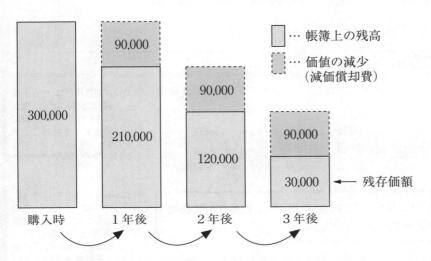

　上の図は、取得原価 ￥300,000 の備品の価値が年々 ￥90,000 ずつ下がり、その分が減価償却費として計上される様子を示しています。

固定資産の処理

はじめに

取引量が増加してきたため、当社はデリバリーセンター（配送センター）を造ることにしました。これに合わせ、土地・建物・備品・車両などを購入する必要があります。これらの有形固定資産を購入し、決算をむかえ、さらに売却するとき、いったいどんな処理をするのでしょうか。

1 有形固定資産の取得

有形固定資産を購入したときは、付随費用[01]を含めて有形固定資産の勘定の増加として**処理**します。

> **取得原価 ＝ 購入代価 ＋ 付随費用**

例1-1

x1年1月1日に業務用パソコンを ¥290,000 で購入し、代金を付随費用 ¥10,000 とともに約束手形を振り出して支払った。

（借）備　　　　　品　300,000　　（貸）営業外支払手形[02]　300,000

01）付随費用とは、仲介手数料、登記料などの、購入にさいして不可避的に発生する費用のことです。

02）手形を商品売買以外に用いることがあり、この場合には「営業外○○手形」勘定で処理します。売掛金と未収金、買掛金と未払金を区別するのと同じです。

2 減価償却の処理方法

減価償却の処理方法としては、3級で学習した**直接控除法（直接法）**の他に**間接控除法（間接法）**があります[03]。

直接控除法では減価償却費を、減価償却費勘定を用いて計上するとともに、その価値の減少額だけ固定資産勘定を直接減らします。

一方、間接控除法では、固定資産勘定から直接に減価償却費を控除しないで、**減価償却累計額勘定（資産のマイナス勘定**[04]**）の貸方に記入し、間接的に差し引きます。

03）価値が減るという事実や金額は同じですが、処理方法が異なります。

04）この勘定を控除的評価勘定といいます。
ちなみに貸倒引当金もこの仲間です。

例1-2

x1年12月31日となり決算をむかえ、期首に購入した上記のパソコンについて減価償却を行う。なお、このパソコンの耐用年数は3年、残存価額は取得原価の10％であり、定額法による。

直接控除法の場合

（借）減 価 償 却 費　90,000　　（貸）備　　　　　品　90,000

間接控除法の場合

（借）減 価 償 却 費[06]　90,000　　（貸）備品減価償却累計額[05]　90,000

05）単に「減価償却累計額」とすることもあります。

06）複数種類の固定資産を所有していても、すべて「減価償却費」勘定で処理します。「備品減価償却費」とすることはありません。

直接控除法および間接控除法の帳簿価額[07]（取得原価から減価償却累計額を差し引いたもので、現在の実質価額を示す金額）の計算について1年目と2年目を例にとり、図によって説明しましょう。

07)帳簿価額のことを略して簿価ということもあります。

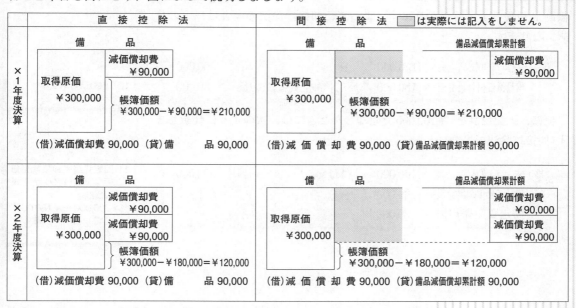

直接控除法では、備品勘定が減価償却分だけ減らされるため、備品勘定の残高が帳簿上の実質価額になります。

一方の間接控除法では、備品勘定の金額は処分するまで ¥300,000 の取得原価のまま据え置かれます。したがって、帳簿上の実質価額を知りたいときは、備品勘定の金額から備品減価償却累計額勘定の残高を差し引いて求めます。

3　有形固定資産の売却

有形固定資産の売却については、売却時に売却価額と帳簿価額との差額を**固定資産売却益勘定（収益の勘定）**または**固定資産売却損勘定（費用の勘定）で処理します**[08]。

08)固定資産の名称をつけて備品売却益勘定や備品売却損勘定を用いることもあります。

　　帳簿価額 ＞ 売却価額 → 固定資産売却損
　　帳簿価額 ＜ 売却価額 → 固定資産売却益

例1-3

購入からちょうど2年たった×3年1月1日にパソコン（取得原価 ¥300,000、減価償却累計額 ¥180,000）を ¥150,000 で売却し、代金を月末に受け取ることにした。

直接控除法の場合、備品勘定の残高を ¥120,000減少させれば備品がなくなったことになる（0になる）ので、備品勘定の貸方に ¥120,000と記入します。

09)固定資産売却益は売却価額¥150,000から帳簿価額（¥300,000－¥180,000）を差し引いて計算します。

（借）未　収　金　150,000　（貸）備　　　　　品　120,000
　　　　　　　　　　　　　　　　　固定資産売却益　　30,000 [09]

一方の間接控除法の場合、減価償却が行われても備品勘定の残高は¥300,000のままなので、売却時には備品勘定を ¥300,000減らさなければなりません。また、備品そのものがなくなるので、備品減価償却累計額勘定も減らす必要があります。よって、間接控除法の場合は以下の仕訳になります。

(借)未　　収　　金	150,000	(貸)備			品	300,000
備品減価償却累計額	180,000 [10]	固定資産売却益				30,000

10) ¥90,000 × 2年
　　＝¥180,000

仮に、上記備品を ¥100,000で売却したときには、次のように仕訳します（間接控除法の場合）。

(借)未　　収　　金	100,000	(貸)備			品	300,000
備品減価償却累計額	180,000					
固定資産売却損	20,000 [11]					

11) 固定資産売却損は売却価額¥100,000から帳簿価額
（¥300,000 −¥180,000）
を差し引いて計算します。

固定資産の処理

次の連続した取引について仕訳を行いなさい。減価償却費の記帳は間接法により行う。なお、会計期間は12月31日を決算日とする1年である。

X1.1.1 　建物 ¥950,000を購入し、購入代価は小切手を振り出して支払い、仲介手数料 ¥50,000は現金で支払った。

X1.12.31 決算につき、建物の減価償却を行う。なお、残存価額は取得原価の10％、耐用年数は20年とする。

X2.1.1 　上記の建物を ¥900,000で売却し、代金は月末に受け取ることとした。

X1.1.1 (借)建	物	1,000,000	(貸)当 座 預 金	950,000	
			現　　　　　金	50,000	

X1.12.31 (借)減 価 償 却 費	45,000 [12]	(貸)建物減価償却累計額	45,000	

X2.1.1 (借)未　　収　　金	900,000	(貸)建	物	1,000,000
建物減価償却累計額	45,000			
固定資産売却損	55,000 [13]			

12) (¥1,000,000
　　−¥1,000,000×10%)
　　÷20年＝¥45,000
13) ¥900,000−(¥1,000,000
　　−¥45,000)＝△¥55,000

Section 1のまとめ

■有形固定資産の 取　得　時

建物 ¥5,000,000を購入し、仲介手数料 ¥300,000とともに現金で支払った。

┌資産の増加
（借）建　　　　物 5,300,000　　（貸）現　　　　　金 5,300,000

■決　算　時

決算にさいして減価償却を行う（定額法、耐用年数30年、残存価額は取得原価の10％）。

（直接控除法の場合）

┌費用の発生
（借）減 価 償 却 費 159,000*　（貸）建　　　　　物 159,000

（間接控除法の場合）

（借）減 価 償 却 費 159,000*　（貸）建物減価償却累計額 159,000

*（¥5,300,000 － ¥5,300,000 × 10％）÷ 30年 ＝ ¥159,000

■有形固定資産の 売　却　時

上記の建物を決算日の翌日に ¥5,140,000で売却し、小切手を受け取った。

（直接控除法の場合）

（借）現　　　　金 5,140,000　　（貸）建　　　　　物 5,141,000
　　　固定資産売却損　　 1,000*
└費用の発生

（間接控除法の場合）

（借）現　　　　金 5,140,000　　（貸）建　　　　　物 5,300,000
　　　建物減価償却累計額　 159,000
　　　固定資産売却損　　　　 1,000*

*売却損益＝売却価額－(取得原価－減価償却累計額)
　　　　　　　　　　　　　　　 帳簿価額
　　　　　＝¥5,140,000 －（¥5,300,000 － ¥159,000）
　　　　　＝△¥1,000（損）

購入からちょうど2年が経過した×3年1月1日に、パソコン（取得原価 ¥300,000、減価償却累計額 ¥200,000）を ¥70,000で売却し、代金は手形で受け取った。

（借）備品減価償却累計額 200,000　　（貸）備　　　　　品 300,000
　　　営業外受取手形*　 70,000
　　　固定資産売却損*　 30,000

*商品売買以外の取引で手形を受け取った場合は、営業外受取手形勘定で処理します。売掛金と未収金を区別するのと同じです。
*売却損益＝売却価額－(取得原価－減価償却累計額)
　　　　　　　　　　　　　　　 帳簿価額
　　　　　＝¥70,000 －（¥300,000 － ¥200,000）
　　　　　＝△¥30,000（損）

<table>
<tr><td>

Section

2

重要度

★★☆☆☆

</td><td>

建設時の処理

</td></tr>
</table>

はじめに

デリバリーセンターを建設することにしたあなたは、○建設会社と契約をすることにしました。契約金額は ¥800,000、工事期間は10カ月、1月末の完成予定です。契約にさいし、工事着手金 ¥50,000を小切手を振り出して支払いました。その帰りに同行した顧問税理士のK氏から、「今日支払った工事着手金も含めて、建物が完成し引渡しを受けるまで建設にかかった費用は建物勘定ではなく、すべて建設仮勘定という勘定で処理してください」と言われました。あなたはどうして建物勘定ではなく、建設仮勘定なのかと不思議に思って調べてみることにしました。

1 建設仮勘定とは

建物などを建設するには、一定の期間が必要であり、また、工事の進行に伴って、順次工事代金が支払われるという慣習もあります。**建設仮勘定**[01]は、このような建物等の建設に伴う**工事代金の支出額を処理**するための勘定です。

> 01) 建設仮勘定は、有形固定資産の勘定として貸借対照表にも記載されますが、まだ営業に役立っていないため減価償却は行いません。この点が建物勘定と大きく異なる点です。

代金の前払い

2 建設仮勘定の処理

建設仮勘定の処理では、(1)建物引渡し前に工事代金を支払ったとき、(2)建物が完成し引渡しを受けたとき、(3)決算にさいし減価償却を行ったとき、の3つに注意してください。

(1)代金の
前渡し時 → (2)完成・
引渡し時 → (3)決算時

(1)代金の前渡し時

例2-1

×4年4月1日に建物の建設のため、建設会社と ¥800,000で契約し、同時に工事着手金 ¥50,000を当座預金により支払った。

建物が完成し、引渡しを受けるまでに支払った工事代金は、すべて**建設仮勘定（資産の勘定）の増加**として処理します。

（借）建 設 仮 勘 定　50,000　　（貸）当 座 預 金　50,000

⑵完成・引渡し時

例2-2

x5年1月末日に建物が完成し引渡しを受け、翌日から使用を開始した。契約金額の残額 ¥750,000 を小切手で支払った。

建設仮勘定の金額を建物勘定に振り替え、支払った残額も建物勘定で処理します[02]。

(借)建	物	800,000	(貸)建 設 仮 勘 定	50,000
			当 座 預 金	750,000

02)建設仮勘定
　　　……未完成のとき
　建物勘定
　　　……引渡しを受けたとき

⑶決算時

例2-3

x5年3月31日（決算）をむかえ、上記建物の減価償却を行った。なお、記帳方法は間接法、償却方法は定額法、耐用年数は50年、残存価額は取得原価の10%とする。

当期、この建物を2月、3月の2カ月間使用したため、2カ月分の減価償却を行います。

(借)減 価 償 却 費	2,400 [03]	(貸)建物減価償却累計額	2,400

なお、1年後の決算のさいには、1年分の減価償却を行います。

(借)減 価 償 却 費	14,400	(貸)建物減価償却累計額	14,400

03) 1年分：（¥800,000
　　－¥800,000 × 10%）
　　÷50年＝¥14,400
　　2カ月分：¥14,400
　　×$\frac{2 カ月}{12 カ月}$＝¥2,400

建設仮勘定の処理

次の一連の取引について仕訳を示しなさい。なお、決算日は毎年12月31日である。

×7. 9.25 　当社は倉庫を新築することになり、松本建設会社に ¥250,000で請け負わせ、代金の一部 ¥100,000を小切手を振り出して支払った。

×8. 4. 1 　上記倉庫が完成したので、請負代金の残額を小切手を振り出して支払い、引渡しを受けた。同日より倉庫の使用を開始した。

×8.12.31 　決算日となり、上記建物の減価償却(月割計算)を行う。なお、記帳方法は間接法によること。

　　　　　償却方法：定額法　　耐用年数：30年　　残存価額：取得原価の10%

×7. 9.25	(借)建 設 仮 勘 定	100,000	(貸)当 座 預 金	100,000
×8. 4. 1	(借)建　　　　　物	250,000	(貸)建 設 仮 勘 定	100,000
			当 座 預 金	150,000
×8.12.31	(借)減 価 償 却 費	5,625 04)	(貸)建物減価償却累計額	5,625

04) 1年分の減価償却費：
(¥250,000 −¥250,000
× 10%)÷ 30 年
=¥7,500

当期の減価償却費(9ヵ月)：
$¥7,500 × \dfrac{9ヵ月}{12ヵ月}$
=¥5,625

Section 2のまとめ

■建設仮勘定
　の　処　理

(1) 建物を新築することになり、手付金として ¥200,000を現金で支払った。

　　　　　　　┌資産の増加
(借)建 設 仮 勘 定 200,000　(貸)現　　　　　金 200,000

(2) ×8年10月1日、建設中の上記建物が完成し引渡しを受けた。建設請負金額 ¥600,000のうち ¥200,000を小切手で支払い、残額は末払いとし、建物勘定に振り替えた。

　　　　　　　　　　　　　　　　　　　┌資産の減少
(借)建　　　　　物 600,000　(貸)建 設 仮 勘 定 200,000
　　　　　　　　　　　　　　　当 座 預 金 200,000
　　　　　　　　　　　　　　　末 払 金 200,000

期中売却

はじめに

デリバリーセンターの開設後、20カ月が経過した×6年9月30日のことです。業務の合理化のために最新型の業務用コンピュータが必要になり、デリバリーセンターの開設と同時に取得したコンピュータ（原価 ¥120,000、減価償却は定額法、耐用年数6年、残存価額は取得原価の10%、当期首までの減価償却累計額 ¥21,000）を ¥80,000 で売却することにしました。

さて、このように固定資産を売却した場合の処理は、どのようにしたらいいのでしょうか。

1　有形固定資産の期中売却

有形固定資産を会計期間の途中で売却した場合は、**決算日の翌日から売却日までの期間に対応する減価償却費**を売却時点において月単位で計上します。

例3-1

×6年9月30日に備品を ¥80,000 で売却し、代金を後日受け取ることにした。当該備品は取得原価 ¥120,000、償却方法は定額法、間接法、耐用年数は6年、残存価額は取得原価の10%により減価償却しており、当期首までの減価償却累計額は ¥21,000 であった。決算日は3月31日である。

減価償却費 ：$(¥120,000 - ¥120,000 \times 10\%) \div 6年 \times \dfrac{6カ月}{12カ月} = ¥9,000$

売却損益[01]：$¥80,000 - (¥120,000 - ¥21,000 - ¥9,000)$

$= \triangle ¥10,000 （売却損）$

（借）未　収　金	80,000	（貸）備　　　品	120,000
備品減価償却累計額	21,000		
減　価　償　却　費	9,000		
固定資産売却損	10,000		

01) 売価と簿価（＝取得原価－減価償却累計額－当期首からの減価償却費）との差額が売却損益です。

Try it 例題 Q | 期中売却

次の取引の仕訳を示しなさい。

(1) ×8年1月1日に、それまで使用していた営業用自動車（取得原価 ¥800,000、取得日×6年10月1日）を ¥700,000で売却し、代金は月末に受け取ることにした。なお、会計期間は9月30日を決算日とする1年であり、車両運搬具の減価償却方法は次のとおりである。

　　償却方法：定額法、残存価額は取得原価の10%、耐用年数6年
　　記帳方法：間接法

(2) 取得原価 ¥600,000、期首減価償却累計額 ¥360,000（間接法による）の備品を、期首から半年が経過した時点で ¥50,000で売却し、代金は現金で受け取った。なお、備品については、定額法（残存価額は取得原価の10%、耐用年数9年）によって算定した半年分の減価償却費を売却時において計上すること。

(1)（借）未　　収　　金	700,000	（貸）車　両　運　搬　具	800,000
車両運搬具減価償却累計額	120,000	固定資産売却益	50,000
減　価　償　却　費	30,000 02)		
(2)（借）現　　　　　　金	50,000	（貸）備　　　　　　品	600,000
備品減価償却累計額	360,000		
減　価　償　却　費	30,000 03)		
固定資産売却損	160,000		

02) （¥800,000 − ¥800,000 × 10%）÷ 6年＝¥120,000
　　¥120,000 × $\dfrac{3カ月}{12カ月}$ ＝¥30,000

03) （¥600,000 − ¥600,000 × 10%）÷ 9年 × $\dfrac{6カ月}{12カ月}$
　　＝¥30,000

(1)

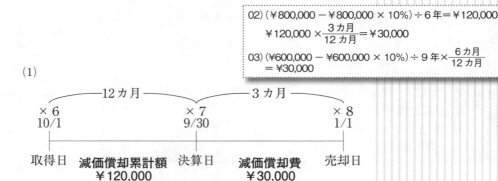

Section 3のまとめ

■有形固定資産の
　期　中　売　却

備品（取得原価¥1,000,000、期首減価償却累計額¥450,000）を当期（3月決算）の8月31日に¥500,000で売却し、代金は現金で受け取った。
なお、備品について定額法（残存価額は取得原価の10%、耐用年数6年）により減価償却を行っている（間接法により記帳）。

（借）現　　　　　金	500,000	（貸）備　　　　　品	1,000,000
備品減価償却累計額	450,000	固定資産売却益	12,500
減　価　償　却　費	62,500 *		

＊（¥1,000,000 − ¥1,000,000 × 10%）÷ 6年 × $\dfrac{5カ月}{12カ月}$ ＝¥62,500

固定資産売却益：¥500,000 −（¥1,000,000 − ¥450,000 − ¥62,500）＝¥12,500

5-12

リース取引

はじめに

欧州の家具を扱うあなたの会社では、家具を運搬するための車両の追加購入を考えています。しかし、購入する資金が不足しています。そこで、顧問税理士のK氏に相談したところ、リース会社からリースを受ければ、固定資産はすぐ使えるし、代金も分割して払えばいいということが分かりました。さて、この場合にどのように処理すべきでしょうか。

1 リース取引とは

　備品や機械などの固定資産(**リース物件**)を、あらかじめ決められた期間(**リース期間**)にわたって、使用する契約を結び、その使用料(**リース料**)を支払う取引を**リース取引**といいます[01]。

> 01)借手側の処理についてみていきます。
> 貸手側の処理は全経上級の範囲となります。

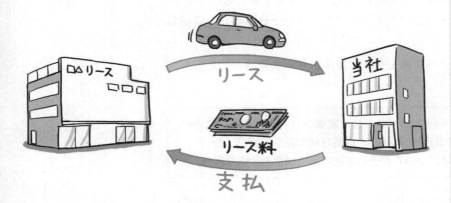

2 リース取引の分類

　リース取引は、取引条件によって、**ファイナンス・リース取引**と**オペレーティング・リース取引**に分類されます。

(1)ファイナンス・リース取引

　ファイナンス・リース取引とは、**リース期間の途中で解約することができず**(ノンキャンセラブルといいます)、**リース物件から生じるコストを借手側が負担する**(フルペイアウトといいます)という2つの要件を満たすリース取引です。

(2)オペレーティング・リース取引

　オペレーティング・リース取引とは、**ファイナンス・リース取引以外**のリース取引です。

ファイナンス・リース取引は、実質的には、お金を借りて固定資産を購入したことと同じになるため、**売買処理**を行います。

(1)**リース契約締結時**、(2)**リース料支払時**、(3)**決算時**の処理について、みていきましょう。

(1)リース契約締結時

リース取引の開始日に、借方はリース資産（資産）、貸方はリース債務（負債）で処理します。

（借）リ ー ス 資 産⁰²⁾　×× 　（貸）リ ー ス 債 務　　××

> 02)「備品」や「機械」など具体的な資産の勘定科目は用いず、「リース資産」とします。また、リース資産とリース債務は、同額が計上されます。

リース資産、リース債務として計上する金額を算定するにあたっては、利子抜き法と利子込み法の2つがあり、2級では利子込み法のみ出題範囲となっています。

利子込み法は、リース料総額をリース資産、リース債務として計上する方法です。

例4-1

当社は、期首（×1年4月1日）にA社と機械のリース契約を、年間のリース料¥6,000（毎年3月末日払い）、期間5年の条件で締結した。
契約締結時における処理について利子込み法による場合の仕訳を行う。

（借）リ ー ス 資 産　 30,000　 （貸）リ ー ス 債 務　　30,000

リース資産：¥6,000×5年＝¥30,000（リース料総額）

(2)リース料支払時

リース料の支払額を**リース債務勘定の減少**として処理します[03]。

03)契約時に計上したリース債務は借入額と考え、リース料支払時に返済していくと考えます。

例4-2

1回目（×2年3月31日）のリース料￥6,000支払時（当座預金口座より支払い）の処理について、利子込み法による場合の仕訳を行う。

（借）リ ー ス 債 務　　6,000　　（貸）当 座 預 金　　6,000

(3)決算時の処理[04]

ファイナンス・リース取引の場合、決算時にリース資産の減価償却を行います。

04)固定資産の購入と変わらないので、当然、減価償却を行います。

> **リース資産の減価償却**
>
> 　　　耐用年数：リース期間　　　残存価額：ゼロ

例4-3

決算にあたり、リース資産（￥30,000）の減価償却（間接法）を行う。リース期間は5年である。

（借）減 価 償 却 費　　6,000　　（貸）リース資産減価償却累計額　　6,000

$$\boxed{￥30,000} \times \dfrac{\boxed{1年}}{\boxed{5年}} = ￥6,000$$

残存価額はゼロ　　　　耐用年数はリース期間

オペレーティング・リース取引については、**賃貸借処理**[05]を行います。
借手側は、リース料の支払時に支払リース料（費用）として処理します。

05）賃貸借処理とは、家賃を支払って（受け取って）アパートを借りている（貸している）ときに行う処理と同じです。

例4-4

当社は、期首に締結したA社との機械のリース契約（オペレーティング・リース取引）のリース料¥6,000を当座預金口座より支払った。

リース取引開始時は、「仕訳なし」となります。

リース料支払時の仕訳

(借)支払リース料	6,000	(貸)当座預金	6,000

リース取引の処理

次の取引について、×1年度（決算日は3月31日）における、①リース契約締結時、②リース料支払時および③決算時の仕訳を利子込み法により示しなさい。

　×1年4月1日に車両のリース契約を以下の条件で締結した。
　・ファイナンス・リース取引に該当。
　・リース期間：5年であり、毎年3月31日に¥12,000ずつ現金で支払う。
　・減価償却方法は、定額法、間接法による。

①	(借)リース資産	60,000[06]	(貸)リース債務	60,000
②	(借)リース債務	12,000	(貸)現金	12,000
③	(借)減価償却費	12,000[07]	(貸)リース資産減価償却累計額	12,000

06）¥12,000 × 5年 ＝ ¥60,000
07）¥60,000 ÷ 5年 ＝ ¥12,000

Section 4のまとめ

■ファイナンス・
　リース取引
　の　処　理

リース資産・リース債務の計上額
利子込み法：リース料総額とする方法

(1)リース契約締結時　　　(借)リ ー ス 資 産　×××　　　(貸)リ ー ス 債 務　×××

(2)リース料支払時　　　　(借)リ ー ス 債 務　　×　　　(貸)現 金 な ど　　　×

(3)決　　　算　　　時　　(借)減 価 償 却 費　　×　　　(貸)リース資産減価償却累計額　　×

■オペレーティング
　・リース取引
　の　処　理
リ ー ス 料 支 払 時　　　(借)支払リース料　　××　　　(貸)現 金 な ど　　××

―― **コラム** 投資その他の資産 ――

　資産を分類した場合、(1)長期の利殖を目的とするもの、(2)正常な営業サイクルから外れたものは、貸借対照表上、投資その他の資産として分類されます。

(1)長期の利殖を目的とするもの
　　長期性預金：決算後、１年を超えて満期になる定期預金
　　長期貸付金：長期の貸付金

(2)正常な営業サイクルから外れたもの
　　不渡手形：不渡りとなった手形の代金請求権のうち長期のもの

Chapter 6

引 当 金

引当金の全体像

重要度

ココがPOINT!!

引当金と母の愛

　貧しいながらも母が子を慈しみ、育てているとしましょう。

　母は「いつかこの子が病気になったとき、何とか人並みの手当てを受けられるようにしておいてあげたい」と思い、今日、このおかずを食べた（費用として使った）ことにして、そっと引出しの中にそのお金を残しておく。

　そして、いざ、その子が病気になったときには、そのお金を取り出して手当てする。

　引当金って、将来の支出に備えて費用にしておく、そんなものなんです。

３級の復習

重要ポイント

決算時：貸倒引当金を差額補充法により設定
　　　　　例）売掛金の２％
貸倒時：貸倒引当金を取り崩す

1 貸倒引当金の設定（前期末）

例0-1

決算において、売掛金残高 ¥100,000 に対して ２％の貸倒れを見積もる。
なお、貸倒引当金の残高は ¥1,000であり、差額補充法[01]により処理すること。

> 01）差額補充法
> 期末時点の貸倒見積額と貸倒引当金残高との差額を貸倒引当金として繰り入れる方法です。

（借）貸 倒 引 当 金 繰 入	1,000	（貸）貸 倒 引 当 金	1,000

貸倒引当金繰入：¥100,000 × ２％ − ¥1,000 ＝ ¥1,000

2 貸倒時の処理（当期期中）

例0-2

上記売掛金の一部が貸し倒れた。貸倒額は(1)の場合 ¥200、(2)の場合 ¥2,200とする。

(1) 貸倒額 ¥200 ＜ 貸倒引当金 ¥2,000

（借）貸 倒 引 当 金	200	（貸）売 　 掛 　 金	200

(2) 貸倒額 ¥2,200 ＞ 貸倒引当金 ¥2,000

（借）貸 倒 引 当 金	2,000	（貸）売 　 掛 　 金	2,200
貸 倒 損 失	200		

3 貸倒引当金の設定（当期末）

例0-3

2 (1)の後、決算において売掛金残高 ¥95,000 に対して２％の貸倒れを見積もる。

（借）貸 倒 引 当 金 繰 入	100	（貸）貸 倒 引 当 金	100

貸倒引当金繰入：¥95,000 × ２％ −（¥2,000 − ¥200）＝ ¥100

Section 1 貸倒引当金

重要度 ★★★★☆

会社の清算手続きが終わったとのことで、前期に貸倒れ処理していた債権 ¥20,000のうち、5％（¥1,000）が入金されてきました。
既に費用として処理した債権の回収、これはどのように処理すればいいのでしょうか。

1 貸倒引当金

貸倒引当金は「貸倒損失」という費用の発生に備えて、設定される引当金[01]です。

そもそも引当金とは、当期以前の取引が原因となって、将来に発生すると思われる費用を当期の費用として計上することで、損益計算を正しく行うことを目的とするものです。

貸倒引当金は、**売上債権**（受取手形・電子記録債権・売掛金・クレジット売掛金）**や貸付金の期末残高に対して設定**します。

> 01）引当金の設定要件
> ①将来の特定の費用または損失であること
> ②当期以前の事象に起因していること
> ③発生の可能性が高いこと
> ④金額を合理的に見積もることができること

> 貸倒引当金に限らず、退職金の支払いや定期的に行われる修繕費の支払いなどについても引当金が設定されます。

2 償却債権取立益

前期以前に貸倒れとして処理していた債権が回収できることもあります。

例1-1
前期に貸倒れとして処理していたナルシス商店に対する売掛金のうち、¥1,000を現金で回収した。

このようなときは、貸倒引当金の金額を調整するのではなく、
償却債権取立益勘定（収益の勘定）の増加として処理します。

> 「償却」という言葉には「費用化」という意味がありました。したがってこの勘定は、「費用化した（損失処理した）債権を取り立てたことによる収益」という意味になります。

（借）現　　　　　金　　1,000　　（貸）償却債権取立益　　　　1,000

Try it 例題

貸倒引当金の設定と貸倒れの処理

次の一連の取引について仕訳しなさい。

X1.12.31 決算において、売掛金残高 ¥500,000 に対して 3％の貸倒れを見積もり、差額補充法により設定する。なお、貸倒引当金の残高は ¥12,000である。

X2.5.20 得意先 A 社が倒産し、同社に対する売掛金 ¥17,000（前期発生分）が貸倒れとなった。

X2.6.30 前期に貸倒れとして処理していた東海商店に対する売掛金¥150,000のうち、¥50,000を現金で回収した。

解答

X1.12.31	（借）貸倒引当金繰入	3,000 02)	（貸）貸 倒 引 当 金	3,000
X2.5.20	（借）貸 倒 引 当 金	15,000	（貸）売 掛 金	17,000
	貸 倒 損 失	2,000		
X2.6.30	（借）現 金	50,000	（貸）償却債権取立益	50,000

> 02) ¥500,000 × 3 ％
> －¥12,000 ＝ ¥3,000

Section 1 のまとめ

■貸倒引当金の処理

前年度決算時

売掛金期末残高 ¥20,000 に対して 3％の貸倒れを見積もる。貸倒引当金の残高はゼロである。

（借）貸倒引当金繰入　　600　　（貸）貸 倒 引 当 金　　600

貸 倒 れ 時

山田商店に対する売掛金 ¥500（前期発生分）が貸し倒れた。

（借）貸 倒 引 当 金　　500　　（貸）売 掛 金　　500

決 算 時

決算になったので、売掛金期末残高 ¥30,000 に対して、3％の貸倒れを見積もり、差額補充法により設定する。

（借）貸倒引当金繰入　　800　　（貸）貸 倒 引 当 金　　800

¥30,000 × 3％－（¥600 － ¥500）＝ ¥800
_{貸倒引当金残高}

回 収 時

前年度に貸倒れとして処理した山田商店への債権のうち¥30を現金で回収した。

（借）現 金　　30　　（貸）償却債権取立益　　30

Section 2 その他の引当金

重要度
★★☆☆☆

はじめに

決算にあたり、今年度は毎年行っている機械のメインテナンス（修繕）を行っていないことに気付きました。
しかし、今からでは間に合わないので来期に行うことにしました。
このような場合に、どのように処理すればいいのでしょうか。

1 修繕引当金

修繕引当金はすでに修繕しなければならない状況にありながら、修繕が翌期以降となる場合に、その「修繕費」という費用の発生に備えて設定される引当金です。

2 修繕引当金の処理

修繕引当金の処理は、(1)決算時、(2)修繕費の支払時、の２つに注意する必要があります。

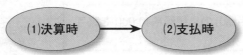

(1)決算時

修繕費の当期負担分を計算し、それを修繕引当金勘定に繰り入れます。

例2-1

決算にさいし、次期に行う修繕の当期負担分 ¥300,000 を繰り入れた。

当期の負担分 ¥300,000 を修繕引当金として繰り入れます。これは、次期において発生すると考えられる修繕費について ¥300,000 を**当期の費用（修繕引当金繰入）として処理**した結果、**修繕引当金という負債が増加**したことを意味します。

(借)修繕引当金繰入	300,000	(貸)修 繕 引 当 金	300,000

(2)支払時

例2-2

建物の修繕を行い、現金 ¥500,000 を支払った。なお、この修繕には修繕引当金が ¥300,000 設けられていた。

修繕引当金を**超える部分**については、**当期の費用（修繕費）として処理**します。

(借)修 繕 引 当 金	300,000	(貸)現 金	500,000
修 繕 費	200,000		

3 特別修繕引当金

修繕引当金は翌期の修繕に備えるものですが、特別修繕引当金は数年に一度といった長期的な修繕に備えての引当金です。

特別修繕引当金の処理は修繕引当金と同じです。

4 賞与引当金

賞与支給規定などにより、従業員に対して次期に支払われる賞与の見積額について設定される引当金です。

会社の役員に対して次期に支払われる賞与の見積額については、役員賞与引当金を設定します。

5 賞与引当金の処理

賞与引当金は、(1)決算時、(2)賞与支給時、の2つに注意する必要があります。

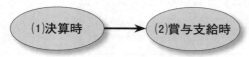

(1)決算時

次期に支払を予定している賞与のうち、当期に負担すべき金額を賞与引当金に繰り入れます。

> **例2-3**
>
> 決算にさいし、翌期に支払う賞与のうち当期分の見積額￥40,000 を賞与引当金 として設定した。

(借)賞与引当金繰入	40,000	(貸)賞 与 引 当 金	40,000

(2)賞与支給時

実際に賞与を支給したときには、設定していた賞与引当金を取り崩し、当期負担分については賞与として処理します。

> **例2-4**
>
> 従業員に対し、賞与 ￥60,000 を現金で支給した。なお、賞与引当金 ￥40,000 が設定されている。

(借)賞 与 引 当 金	40,000	(貸)現　　　　金	60,000
賞　　　　与	20,000		

決算日において次期の賞与の支払額が確定している場合には、以下の仕訳となります。
(借)賞　与　40,000
　(貸)未払従業員賞与　40,000
役員の場合
(借)役員賞与　40,000
　(貸)未払役員賞与　40,000

Try it 例題

修繕引当金の処理

次の取引について、仕訳を行いなさい。

(1) 期中、営業用の車両に対し点検修理を行い、現金 ¥350,000 を支払ったが未処理である。なお、修繕引当金が ¥310,000 設定されている。

(2) 期末、上記車両につき修繕引当金 ¥250,000 を見積計上した。

(3) 上記以外に、建物について特別な修繕を期中に行い、現金 ¥890,000 を支払ったが未処理である。なお、特別修繕引当金が ¥800,000 設定されている。

解答

(1)	(借)修 繕 引 当 金	310,000	(貸)現 金	350,000
	修 繕 費	40,000		
(2)	(借)修繕引当金繰入	250,000	(貸)修 繕 引 当 金	250,000
(3)	(借)特別修繕引当金	800,000	(貸)現 金	890,000
	修 繕 費	90,000		

■ Section 2のまとめ

■ 修繕引当金

決 算 時

機械Aの修繕費として ¥88,000 を見積計上した。

　　　　　　┌費用の発生　　　　　　　　　　　　　┌負債の増加
(借)修繕引当金繰入　88,000　(貸)修 繕 引 当 金　88,000

↓

修繕のため 支出した時

機械Aの修繕を行い、¥100,000 を小切手を振り出して支払った。なお、設定した修繕引当金は全額取り崩した。

　　　　　　┌負債の減少
(借)修 繕 引 当 金　88,000　(貸)当 座 預 金　100,000
　　　修 繕 費　12,000
　　　　　　　　└費用の発生

※差額は当期の費用(修繕費)として処理します。

■ 賞与引当金

決 算 時

決算にさいし賞与引当金 ¥20,000 を設定した。

　　　　　　┌費用の発生　　　　　　　　　　　　┌負債の増加
(借)賞与引当金繰入　20,000　(貸)賞 与 引 当 金　20,000

↓

賞与支給時

賞与 ¥30,000 を現金で支給した。

　　　　　　┌負債の減少
(借)賞 与 引 当 金　20,000　(貸)現 金　30,000
　　　賞 与　10,000
　　　　　　└費用の発生

コラム 試験に出るところ

　試験も間近になってくると、みなさんは「どこが試験に出るのだろうか？」と気になってきますね。そんなみなさんのために「試験に出るところ」についてお話ししましょう。

　話は、私の大学時代まで遡ります。

　大学（龍谷大学）の同輩で、税務会計学研究会という簿記の勉強をするサークル（私も所属していた）の幹事長をやっていた、通称「とっつぁん」という人物がいました（今もいます）。

　彼は三重県の出身で、高校時代はサッカーのゴールキーパー、身長は185センチ、色は浅黒く、がっちりした体格の、風貌といい、言動といい、行動といい、いかにも大物、という人物だった（今では税理士をやっています）。

　お互いに税理士試験の勉強をしていて、試験間近になったとき、突然彼はこんなことを言い出した。

　「試験には俺の勉強したとこからしか出えへんし」

　日々、試験には何が出るのだろうか、と汲々としていた私は、思わず耳を疑った。そして「何という傲慢なことをいうのだろう」と思いました。

　しかし、よくよく話を聞いてみると、彼の考えはこうでした。

　「どうせ、試験に何が出ても自分が勉強したところしか答えられない」、それなら「あれが出たらどうしよう、これが出たらどうしよう」などと考えるより、"問題は自分が勉強したところから出題されるものだ" と決め込んで、それを少しずつ増やし、それが出れば確実に答えられるようにしたほうがよっぽど効率的にも、精神的にもいい、というものでした。

　今思えば、受験において、この考え方はとても当を得たものです。

　みなさんも、試験直前だからといって、決して焦らずに、出題されたときに確実に得点できる問題を着実に増やしていってください。

　それが、合格への近道です。

Chapter 7

株式の発行

株式の発行の全体像

ココがPOINT!!

元手を集める手段は株式

　株式会社は株式を発行して資金（資本金）を集めていますが、この資本金の計算についての規定が重要です。でも、この規定は２つしかありません。

　（原則）株主から提供されたお金全額を資本金とする

　（容認）株主から提供されたお金のうち２分の１（以上※）を資本金とする

というものです。これは覚えておきましょう。

※法律では「２分の１以上」となっていますが、簿記の問題では「会社法規定の最低額を資本金とする」となっています。つまり半額（1／2）を資本金とすることになります。

株式会社の資本構成

はじめに

1年間の努力の結果、あなたの会社は 100万円の利益を計上することができました。この利益の半分は株主に配当し、残りは来年度の元手の一部として資本の勘定で処理したいと考えて、顧問税理士のK氏に相談しました。すると、K氏は「それなら、元手にする部分は株主総会を通して任意積立金としてもらうのがいいでしょう。でも任意積立金の他に、配当金等の社外支出の10分の1も利益準備金として資本の一部にしなければならない場合がありますよ」とのことでした。あなたは株式会社の資本の構成と、その要素について調べてみることにしました。

1 株式会社の設立

　株式会社を設立するには、会社法の規定に従って定款その他の書類を作成し、登記することが必要です[01]。定款は会社の基本的事項を定めた書類であり、その会社の目的や商号、設立にさいして出資された財産の価額などが記載されます。

> 01）登記とは、人間でいえば誕生に相当します。

2 株式会社の資本構成

　株式会社では、その会社形態の性質から資本の内容を以下のように分類し、処理していきます。

> 2級では、とくに株主に帰属する資本である株主資本に限って扱います。

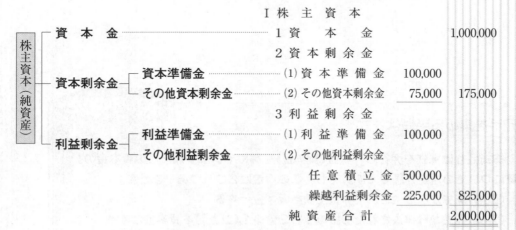

株主資本の構成	貸借対照表の表示		
	純資産の部		
	Ⅰ 株 主 資 本		
資 本 金	1 資 本 金		1,000,000
	2 資 本 剰 余 金		
資本剰余金 → 資本準備金	(1) 資 本 準 備 金	100,000	
資本剰余金 → その他資本剰余金	(2) その他資本剰余金	75,000	175,000
	3 利 益 剰 余 金		
利益剰余金 → 利益準備金	(1) 利 益 準 備 金	100,000	
利益剰余金 → その他利益剰余金	(2) その他利益剰余金		
	任 意 積 立 金	500,000	
	繰越利益剰余金	225,000	825,000
	純 資 産 合 計		2,000,000

株主資本〈純資産〉

さて、それでは順番に見ていきましょう。

> その他資本剰余金、その他利益剰余金が正解です。その他の資本剰余金、その他の利益剰余金は存在しません。

1．資本金

　法定資本ともいわれ、資本金として払込みのあった会社財産の金額を示しています。

2．資本剰余金

　払い込まれた資本のうち、資本金としなかったものをいいます。

(1)資本準備金

　株式の発行等、直接資本金の増減をもたらす取引から生じたもので資本金としなかった部分を積み立てた準備金をいいます。具体的には、株式払込剰余金などがあります。

(2)その他資本剰余金

　資本剰余金のうち、資本準備金としなかったものをいいます[02]。

3．利益剰余金

　利益[03]を源泉とする資本をいいます。

(1)利益準備金

　株主への配当金等、剰余金の配当として社外に支出された金額の10分の1を積み立てることを会社法によって強制された準備金をいいます[04]。

(2)その他利益剰余金

　利益を源泉とする資本のうち、利益準備金以外のものをいいます。任意積立金と繰越利益剰余金などがあります。

①任意積立金

　獲得した利益のうち、会社が任意で積み立てたものをいいます[05]。これには新築積立金や、別途積立金などがあります。

②繰越利益剰余金

　獲得した利益のうち、利益準備金や任意積立金として積み立てられていない利益をいいます。

02) 2級では、とくに気にする必要はありません。

03) 会社が自ら獲得したものです。

ただし、資本準備金と合わせて資本金の4分の1を超える積立ては必要ないとされています。

04) 利益準備金の積立規定については、Section 3で扱います。

05) つまり、会社法によって積立てが強制された資本ではないということです。

株式会社の資本構成

次の貸借対照表(純資産の部)の(イ)～(ホ)に適当な語句または金額を記入しなさい。

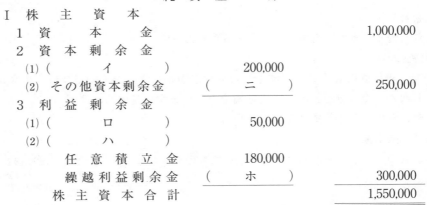

純 資 産 の 部

I 株 主 資 本			
1 資 本 金			1,000,000
2 資 本 剰 余 金			
(1) (イ)	200,000		
(2) その他資本剰余金	(ニ)		250,000
3 利 益 剰 余 金			
(1) (ロ)	50,000		
(2) (ハ)			
任 意 積 立 金	180,000		
繰 越 利 益 剰 余 金	(ホ)		300,000
株 主 資 本 合 計			1,550,000

解答

イ．資本準備金

ロ．利益準備金

ハ．その他利益剰余金

ニ．*50,000* [06)]

ホ．*70,000* [07)]

06) ¥250,000－¥200,000
    ＝¥50,000

07) ¥300,000－¥50,000
    －¥180,000＝¥70,000

Section 1のまとめ

■株主資本の構成は重要なので覚えましょう。

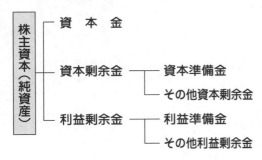

株主資本(純資産)	資 本 金	
	資本剰余金	資本準備金
		その他資本剰余金
	利益剰余金	利益準備金
		その他利益剰余金

Section 2

重要度

★★★★★

株式の発行

はじめに

会社の設立にさいし、仲間で資金を持ち寄ったところ ¥20,000,000の現金を調達することができました。そこで、あなたは仲間に対し、その出資額に応じて、1株あたり ¥100,000で200株を交付しました。また、このときに株式の発行費用として ¥300,000を支払いました。これらの取引はどのように処理し、いくらを資本金とすればいいのでしょうか。

1 株式とは

株式とは、株式会社における社員[01]としての地位をいいます。株券発行会社では、株式は株券に具体化されます[02]。

> 01)社員とは、株主としての地位を表し、従業員を意味するものではありません。株主は、株式を購入して株式会社の社員となるのです。
> なお、株式会社は出資額が小額に分けられた株式と、出資額を限度として責任を負う、間接有限責任があることで大量の資金を調達することができます。
>
> 02)現在は「株券不発行」が原則であり、印刷物としての株券は存在しませんが、印刷物であるかどうかにかかわらず、株式は社員としての地位を表しています。

2 会社設立時の処理

(1)設立費用の処理

会社設立時には、定款作成費、株式発行費用、設立登記のための費用がかかります。**会社設立のため費用を支出したときは、創立費勘定(費用)[03]で処理します。**

> 03)創立費は損益計算書上、営業外費用の区分に表示します。

(2)株式発行の処理

株式を発行したときは、払込金額[04]のうちいくらを資本金とするかが問題となります。そして会社法の規定に従った処理をする必要があります。

会社法の規定では、原則として払込金額の全額を資本金としなければいけません。

ただし、容認規定として払込金額の最大 $\frac{1}{2}$ を資本金としないこともできます(最低でも払込金額の $\frac{1}{2}$ は資本金とし、残額は資本準備金とします)[05]。

> 04)株式の発行により出資された財産の金額です。
>
> 05)この規定は、設立時の発行と増資時の発行のいずれにも適用されます。

原則	資本金＝払込金額の全額（1株の払込金額×発行株式数×1）
容認	資本金＝払込金額の $\frac{1}{2}$ 以上（1株の払込金額×発行株式数× $\frac{1}{2}$ ）

①原　則

×1年4月1日、株式200株を1株あたり ¥100,000 で発行し、払込金は現金で受け取り、会社を設立した。なお、株式の発行費用 ¥300,000 は現金で支払った。

払込金額の全額を資本金とします。また、設立時の株式発行費用は、創立費として計上します。

(借)現	金 20,000,000	(貸)資　本　金 20,000,000
(借)創　立　費	300,000	(貸)現　　　　金 300,000

資本金の額について問題では何も言っていませんね。こういう場合は「原則」でいきます。つまり、払込金額の全額を資本金とします。

②容　認

×1年4月1日、株式200株を1株あたり ¥100,000 で発行し、払込金は現金で受け取り、会社を設立した。なお、資本金組入額は「会社法」で認められる最低限度額とする。また、株式の発行費用 ¥300,000 は現金で支払った。

払込金額の2分の1を資本金の最低額とし、残額を資本準備金（株式払込剰余金）とすることができます。資本準備金勘定は純資産の勘定です。

〔計算〕 資　本　金：@¥100,000 × 200株 × $\frac{1}{2}$ = ¥10,000,000

　　　　資本準備金：¥20,000,000 − ¥10,000,000 = ¥10,000,000

(借)現	金 20,000,000	(貸)資　　本　　金	10,000,000
		資 本 準 備 金06)	10,000,000
(借)創　立　費	300,000	(貸)現　　　　金	300,000

資本金の額は会社法規定の最低額と言っていますね。そのため、払込金額の2分の1だけを資本金とします。

06) 株式払込剰余金勘定を用いることもあります。

3 | 開業時の処理

会社の設立後、営業を開始するまでには、広告宣伝費、通信費、土地、建物等の賃借料などの費用がかかります。会社の設立後、**営業を開始するための費用を支出したときは、開業費勘定（費用）**[07] **で処理**します。

×1年6月1日、開業準備のための諸費用¥200,000 を小切手を振り出して支払った。

(借)開　業　費	200,000	(貸)当 座 預 金	200,000

07) 開業費は損益計算書上、営業外費用の区分に表示します。

4 増　資

増資とは、会社設立後に新たに株式を発行し、資本金を増加させることをいいます。

例2-4

増資を決定し、×7年4月1日に株式100株を1株あたり ¥80,000 で発行することになり、全額の払込みを受け当座預金とした。なお、株式の発行費用 ¥300,000 は現金で支払った。

この時の「資本金とすべき金額」は設立のときと同じです。また、会社設立後、株式発行のための費用を支払ったときは、**株式交付費勘定（費用）**[08]で処理します[09]。

①原則：払込金額の全額を資本金とします。

(借)	当 座 預 金	8,000,000	(貸)	資　　本　　金	8,000,000
(借)	株 式 交 付 費	300,000	(貸)	現　　　　　金	300,000

②容認：払込金額の2分の1以上を資本金とし、残額は資本準備金（株式払込剰余金）とすることができます。

(借)	当 座 預 金	8,000,000	(貸)	資　　本　　金	4,000,000
				資 本 準 備 金	4,000,000
(借)	株 式 交 付 費	300,000	(貸)	現　　　　　金	300,000

〔計算〕資　本　金：@¥80,000 × 100株 × $\dfrac{1}{2}$ = ¥4,000,000

　　　　資本準備金：¥8,000,000 − ¥4,000,000 = ¥4,000,000

08) 株式交付費についても創立費、開業費と同様に損益計算書上、営業外費用の区分に表示します。

09) 会社設立のときは創立費ですが、増資のときは株式交付費となります。

株式の発行

次の取引の仕訳を示しなさい。

(1) 大山商会は会社設立にあたり、株式200株を1株の発行価額 ¥60,000で発行し、全株式の払込みを受け、払込金額は当座預金とした。なお、株式の発行費用 ¥300,000を現金で支払った。

(2) 山原商事は会社設立にあたり、株式500株を1株の発行価額 ¥60,000で発行し、全株式の払込みを受け、払込金額は当座預金とした。なお、発行価額のうち、「会社法」で認められる最低額を資本金に組み入れることとした。
また、株式の発行費用 ¥300,000を現金で支払った。

(3) 大阪商会は、株主総会の決議により、株式400株を1株 ¥6,000で発行し、全株式について払込みを受け、払込金額を当座預金に預け入れた。

(4) 鈴木商会は、株主総会の決議により、株式400株を1株 ¥6,000で発行し、全株式について払込みを受け、払込金額を当座預金に預け入れた。なお、発行価額のうち、「会社法」で認められる最低額を資本金に組み入れることとした。

(1)	(借)当 座 預 金	12,000,000	(貸)資　　本　　金	12,000,000
	(借)創　　立　　費	300,000	(貸)現　　　　　金	300,000

(2)	(借)当 座 預 金	30,000,000	(貸)資　　本　　金	15,000,000
			資 本 準 備 金(注)	15,000,000
	(借)創　　立　　費	300,000	(貸)現　　　　　金	300,000

(3)	(借)当 座 預 金	2,400,000	(貸)資　　本　　金	2,400,000

(4)	(借)当 座 預 金	2,400,000	(貸)資　　本　　金	1,200,000 10)
			資 本 準 備 金(注)	1,200,000

(注)株式払込剰余金勘定を用いることもあります。

$$10)\ @¥6,000 × 400株 × \frac{1}{2}$$
$$= ¥1,200,000$$

Section 2のまとめ

■資本金の組入額と株式発行費用

	設　　立	増　　資
原　則	払込金額の全額を資本金とする。	
容　認	払込金額の $\frac{1}{2}$ を資本金の最低組入額とし、資本金としない金額を資本準備金(株式払込剰余金)とする。	
株式発行費用	創　立　費	株 式 交 付 費

Section 3 剰余金の配当

重要度
★★★★★

はじめに

あなたの会社では設立後、最初の決算において利益を獲得することができました。ところで、あなたの会社は株式会社のため会社が獲得した利益をあなたが自由に処分することはできません。利益は会社のものであるだけでなく、株主のものでもあるからです。そこであなたは、株主総会に剰余金の配当について決議を行うことにしました。

1 剰余金の配当とは

剰余金の配当とは、**株式会社が獲得した利益（の一部）**[01]**を株主に支払**うことです。株式会社の利益は、基本的には株主のものなので、原則として株主総会で剰余金の配当について決議が行われ、それにもとづいて配当が行われます。

また、このとき利益のうち配当されない分をどのような形で残しておくかも決定されることがほとんどです。これを剰余金の処分といいます。

> 01）稼いだ利益を全部株主に配当してしまうと、会社を大きくする資金がなくなったり、万が一損失が出てしまったときに、その損失を埋め合わせるための蓄えがなかったりという不都合があるため、株主に配当されるのは利益の一部だけです。
> その金額がいくらなのかを株主総会で決定することになります。

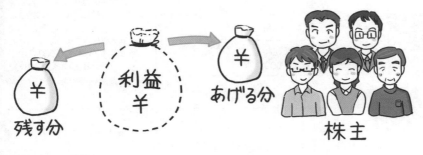

▶剰余金の分類

剰余金は、次の項目に分類されます。

```
剰余金 ─┬─ 外部流出 ──── 株主配当金 ………… 株主に対して支払われる配当金
(繰越利益剰余金)│
        │            ┌─ 利 益 準 備 金 ……… Section 1 参照
        └─ 内部留保[02]─┤─ 任 意 積 立 金 ……… Section 1 参照
                     └─ 繰越利益剰余金 ……… 剰余金の配当後の残高、次期の
                                        剰余金の配当の財源となる
```

> 02）これらは B/S、純資産の部の「3 利益剰余金」のまま残ることになります。

2 剰余金の配当の処理

剰余金の配当の処理では、(1)**決算時**、(2)**株主総会決議後**、の2つに注意し、さらに(3)**翌決算時の処理**も理解してください[03]。

03)剰余金の配当は一定の条件を満たせばいつでもできますが、ここでは決算後に開催される定時株主総会での剰余金の配当について学習します。

3 決算時の処理

例3-1

あなたの会社の第1期の当期純利益は¥100,000と計算された。

損益勘定において計算された当期純利益 ¥100,000を繰越利益剰余金勘定に振り替えます。この繰越利益剰余金勘定は、**いまだ使いみち(配当するのか、残しておくのか)が決定していない利益**の金額を意味します。個人商店において利益が直接、資本金勘定に振り替えられることと大きな違いがあります[04]。

(借)損　　　　益　100,000　　(貸)繰越利益剰余金　　100,000

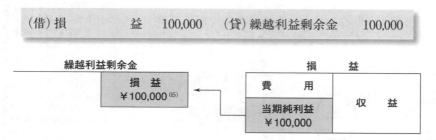

04)株式会社の場合、原則として株主総会の決議がないと、資本金を増やしたり減らしたりすることはできません。

05)株式会社の場合、当期純利益については次のような仕訳を行うことはあり得ません。
(借)損　益 100,000
　　(貸)資本金 100,000

4 株主総会決議後の処理

株主総会において、剰余金の配当が確定すると、繰越利益剰余金の金額を**確定した項目に振り替えます**。

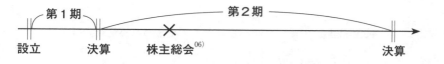

オーナーが全額の出資を行っている個人企業とは異なり、出資者が多数いる株式会社の場合には、重要事項の決定は合議によります。これを決定するのが株主総会(という機関)です。

なお、剰余金の配当の仕訳は翌期(このタイムテーブルでは第2期)に行われることに注意してください。

06)決算後、3カ月以内に開催されます。

例3-2

株主総会で、以下のように剰余金の配当・処分を行うことが決議された。
　　株主への配当金…¥50,000　　　　任意積立金への積立て…¥30,000
また、配当に伴って会社法に規定された額の利益準備金を積み立てる。なお、現時点での資本金の残高は¥2,500,000、資本準備金の残高は¥225,000、利益準備金の残高は¥20,000である。

　会社法では、株主への配当を行ったさいに、**資本準備金と利益準備金の合計が資本金の4分の1に達するまで**、株主への配当金の10分の1を利益準備金として積み立てるように要求されています。

　そのため、株主への配当金の10分の1の金額と、資本準備金と利益準備金の合計と資本金の4分の1との差額（「利益準備金積立可能額」ということにします）を比較して、どちらか小さいほうの金額を利益準備金として積み立てることになります。

①株主への配当金の10分の1：$¥50,000 \times \dfrac{1}{10}$ [07] $= ¥5,000$

②利益準備金積立可能額：$¥2,500,000 \times \dfrac{1}{4}$ [07] $- (¥225,000 + ¥20,000)$
$= ¥380,000$

①$¥5,000$　<　②$¥380,000$　より、
利益準備金積立額：$¥5,000$

（借）繰越利益剰余金	85,000 [08]	（貸）利 益 準 備 金	5,000
		未 払 配 当 金	50,000 [09]
		任 意 積 立 金	30,000 [10]

07）配当金の $\dfrac{1}{10}$
ハイトー （10）キン

資本金の $\dfrac{1}{4}$
シー （4）ホンキン
と覚えよう！

08）繰越利益剰余金のうち、処分額のみを借方に記入します。

09）株主総会では、配当金を支払うことを決めただけで後で支払うため、未払配当金とします。
後に実際に当座預金から株主に支払われたさいに、以下の仕訳が行われます。
（借）未払配当金 50,000
　　（貸）当座預金 50,000

10）任意積立金は、会社の定款の規定や株主総会の決議によって、利益の一部を積み立てたものです。

5　翌決算時の処理

　当期純利益とは一会計期間において計算された利益であり、**繰越利益剰余金**とは剰余金の配当の財源となる利益をいいます。両者は必ずしも一致しないことに注意する必要があります。

例3-3
第2期の決算において、当期純利益が¥120,000計上された。

（借）損　　　　　益	120,000	（貸）繰越利益剰余金	120,000

繰越利益剰余金

利益準備金： 5,000	前期繰越	100,000
未払配当金：50,000		
任意積立金：30,000		
次期繰越 135,000	損　　益	120,000

損　　益

繰越利益剰余金 120,000	

剰余金の配当

問1　次の株主総会における取引の仕訳を示しなさい。

　　株主総会において、繰越利益剰余金 ¥1,000,000 を次のとおり処分することとした。なお、残額は次期へ繰り越すこととする。

　　　利益準備金　¥ 70,000　　　株主配当金　¥ 700,000　　　任意積立金　¥ 100,000

問2　次の資料より、当期末(第2期末)における繰越利益剰余金勘定の次期繰越額を計算しなさい。

　1．繰越利益剰余金勘定の前期繰越額　¥2,000,000
　2．当期における剰余金の配当等の内容
　　　(1)利益準備金：¥　100,000
　　　(2)株主配当金：¥1,000,000
　　　(3)任意積立金：¥　500,000
　　＊残額は次期へ繰り越す。
　3．当期純利益 ¥ 1,100,000

問3　次の取引の仕訳を示しなさい。

　　当社(発行済み株式数200株)は、X2年6月26日の株主総会において、繰越利益剰余金¥2,180,000を次のとおり処分することの承認を得た。

　　利益準備金：会社法に規定する金額

　　株主配当金：1株につき ¥7,500　　　　　任意積立金：¥500,000

　　ただし、X2年3月31日(決算日)現在の資本金 ¥10,000,000、資本準備金 ¥1,300,000、利益準備金 ¥1,100,000 であった。

解答

問1

(借)繰越利益剰余金	870,000	(貸)利 益 準 備 金	70,000
		未 払 配 当 金	700,000
		任 意 積 立 金	100,000

問2　　¥ 1,500,000

　　¥2,000,000 − ¥1,600,000 + ¥1,100,000 = ¥1,500,000
　　　　　　　　　　　　　　当期純利益

問3

(借)繰越利益剰余金	2,100,000	(貸)利 益 準 備 金	100,000
		未 払 配 当 金	1,500,000
		任 意 積 立 金	500,000

　　資本金の1/4：¥10,000,000 × 1/4 ＝ ¥2,500,000 ←資本準備金＋利益準備金の上限
　　利益準備金積立可能額：¥2,500,000 −(¥1,300,000 + ¥1,100,000)＝ ¥100,000
　　配当金の1/10：@¥7,500 × 200 株× 1/10 ＝ ¥150,000
　　利益準備金積立額：¥100,000 ＜ ¥150,000　　　　∴　　¥100,000

Section 3のまとめ

■剰余金の配当とは　剰余金の配当とは、株式会社が獲得した利益を株主に支払うことです。

株主総会決議後

×8年6月24日　株主総会で、以下のように剰余金の配当・処分を行うことが決議された。

株主配当金 ¥550,000　　利益準備金 ¥55,000

┌純資産の減少　　　　　　　　　　┌純資産の増加
（借）繰越利益剰余金　605,000　（貸）利益準備金　　 55,000
　　　　　　　　　　　　　　　　　　末払配当金　 550,000
　　　　　　　　　　　　　　　　　　　　└負債の増加

決算時

×9年3月31日　第2期決算において、当期純利益 ¥930,000を計上した。

（借）損　　　益　930,000　（貸）繰越利益剰余金　930,000

第2期における繰越利益剰余金勘定は、次のとおりです。

繰越利益剰余金

利益準備金　55,000　末払配当金 550,000	前期繰越　　800,000
次期繰越 1,125,000	損　益　　　930,000

コラム　試験は甲子園でもなければオリンピックでもない

　いよいよ試験まであと数日になります。最後に、私が試験を受けるときにいつも思う「甲子園でもなければオリンピックでもない」という話をさせていただきましょう。

　甲子園の高校野球を見ていると、意外な学校が1回戦、2回戦と勝ち上がっていくにつれて実力をつけて強くなり、最後には優勝してしまう。つまり実力以上のものが出て勝ってしまう、などということが起こります(起こるといわれています)。

　しかし試験ではそんなことは起こり得ません。

　「知らないところが試験会場で急に解るようになる」なんてことに期待するのは愚かです。また、70点以上を取れば誰でもが合格できる試験なのですから、オリンピックのように参加者全員の中にたった一人の天才がいてしまうと、あとの人はいかに努力しようが勝ちようがない、といったものでもありません。

　したがって、実力以上のものを望むことは逆にミスにつながるし、またそうでないと勝てないオリンピックでもない、と思うのです。

　ですから、試験の日の朝、風呂に入って身体を清め、鏡の中の自分に向かって『おまえは絶対的な力(知識)を持っている人間じゃない、しかし、今持っている力を精一杯出してこよう！』と、自己暗示をかけることにしています。

　実力以上は望まず、実力がそのまま出せるようにと、それだけを望む。
　こんな姿勢がいちばん合格に近い姿勢だと思います。
　それでは、みなさんの健闘を祈ります。

Chapter 8

決　算

決算の全体像

ココがPOINT!!

決算の流れを把握しよう！

　ここでは、決算の処理を見ていきます。精算表の作成や財務諸表の作成が中心になります。決算の処理の流れをSection 0で説明していますので、今自分が何を学習しているかを必ず確認するようにしましょう！

　なお、精算表等の決算問題は、第5問で必ず出題されているので、合格を果たすためには必須のChapterといえます。

　また、株式会社に特有の税金として法人税があります。ここでは、法人税の処理も取り上げますので、しっかりと確認してください。

Section 0 3級の復習

重要度 ★★★★★

重要ポイント

・減価償却…減価償却費 $= \dfrac{\text{取得原価}-\text{残存価額}}{\text{耐用年数}}$

・売上原価…期首商品棚卸高＋当期商品仕入高－期末商品棚卸高

・貸倒引当金繰入…債権金額×設定率－貸倒引当金残高

1 決算手続

簿記の手続は、開始手続→営業手続→決算手続からなり、決算手続において当期純損益を計算し、財務諸表を作成します。

> 01) 再振替仕訳については、8－23、8－27ページをご覧ください。

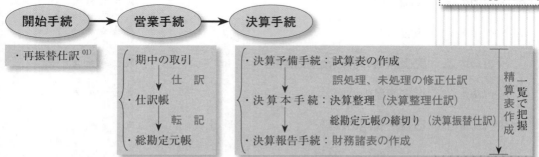

決算整理仕訳は、財務諸表を作成するにあたり、勘定の残高を企業の経営成績または財政状態を示すように修正する仕訳をいい、以下のものがあります。

(1)現金過不足の処理

決算日になっても不一致の原因が判明しないとき、現金過不足が借方残高の場合は雑損勘定に、貸方残高の場合は雑益勘定に振り替えて整理します。

不足の場合

例0-1
決算日をむかえ、現金過不足 ￥400（借方残高）は原因が不明である。

（借）雑	損	400	（貸）現 金 過 不 足	400

費用の発生　　　　　　　　仮勘定の減少

過剰の場合

例0-2
決算日をむかえ、現金過不足 ￥800（貸方残高）は原因が不明である。

（借）現 金 過 不 足	800	（貸）雑	益	800

仮勘定の減少　　　　　　　　収益の発生

(2)売上原価の計算

例0-3

期首商品棚卸高 ¥100,000、当期仕入高 ¥500,000、期末商品棚卸高 ¥200,000 の場合において売上原価を算定する。

```
        ┌費用の増加                      ┌資産の減少
(借)仕        入 100,000  (貸)繰 越 商 品 100,000
(借)繰 越 商 品 200,000  (貸)仕        入 200,000
   └資産の増加                      └費用の減少
```

(3)消耗品の処理～費用処理～

①買入時

例0-4

期中にコピー用紙 ¥12,000 を現金で買い入れた。

消耗品 [02] を購入したときには、**消耗品費勘定(費用の勘定)の**増加として処理します。

```
(借)消 耗 品 費 12,000 [03]  (貸)現        金 12,000
```

②決算時

例0-5

決算になり、コピー用紙が ¥5,000 分残っていた。

消耗品が残っているときには、消耗品費を ¥7,000 に修正するために、**消耗品費勘定の貸方に ¥5,000 と記入し減少**させます。そして、未使用分を資産として繰り越すために、**消耗品勘定(資産の勘定)の借方に ¥5,000 と記入**します。

```
(借)消 耗 品 5,000  (貸)消 耗 品 費 5,000
```

結果として、消耗品費 ¥7,000、消耗品 ¥5,000 となります。

(4)貸倒れの見積もり

例0-6

決算において、売掛金期末残高 ¥300,000 に対して2%の貸倒れを差額補充法により見積もる。なお、貸倒引当金勘定残高は ¥1,000 である。

```
        ┌費用の発生
(借)貸倒引当金繰入 5,000  (貸)貸 倒 引 当 金 5,000
```

貸倒引当金繰入：¥300,000 × 2% − ¥1,000 = ¥5,000

---

02)消耗品とはコピー用紙、事務用ノリ、ふせん、プリンター用インク、ラインマーカー、包装用紙など、購入後1年以内に使い果たす予定のものをいいます。

03)この処理を費用処理といい、実務上多く用いられています。

費用の減少は貸方に記入するのでしたね。
なお、期中に費用として処理しておいて、期末(決算)に未使用分を資産に計上するのは、商品売買における仕入勘定・繰越商品勘定と同じ関係です。

(5)固定資産の減価償却

例0-7

当年度期首に取得した建物について定額法によって減価償却を行う。なお、取得原価は ¥500,000、残存価額は取得原価の 10 %、耐用年数は10 年、直接法 [04] により記帳する。

04)これに対して、
Chapter 5 では間接法を学習しました。

┌費用の発生

| (借)減 価 償 却 費 | 45,000 | (貸)建　　　　　物 | 45,000 |

減価償却費：（¥500,000 − ¥500,000 × 10％）÷ 10年 = ¥45,000

(6)費用の繰延べ・見越し

①費用の繰延べ

例0-8

決算にあたり、地代の前払分¥90,000 を計上した。

| (借)前 払 地 代 | 90,000 | (貸)支 払 地 代 | 90,000 |

②費用の見越し

例0-9

決算にあたり、利息の未払分 ¥30,000 を計上した。

| (借)支 払 利 息 | 30,000 | (貸)未 払 利 息 | 30,000 |

2 　総勘定元帳の締切方法

総勘定元帳の締切手続は、以下のように行います。

|←──────── 収益・費用の諸勘定の処理 ────────→|←── 資産・負債・純資産 ──→|
の諸勘定の処理

《英米式決算法》

(1)損益勘定 の設定 → (2)勘定残高の損益 勘定への振替え → (3)純損益の 振替え → (4)費用・収益 の締切り → (5)次期繰越及び 前期繰越の記入 → (6)繰越試算表 の作成

(1)損益勘定の設定

まず最初に純損益 05) を確定するため、元帳に損益勘定を設定します。

> 05)当期純利益または当期 純損失のことです。

(2)勘定残高の損益勘定への振替え

損益勘定の貸方に収益の勘定残高を、借方に費用の勘定残高を振り替えて純損益を計算します。なお、このとき行われる仕訳を決算振替仕訳といいます。

例0-10

決算にさいして、次の各勘定残高をそれぞれ損益勘定に振り替えた。
売上 ¥160,000、受取手数料 ¥10,000、営業費 ¥30,000、
法人税等¥40,000

①収益の振替え（貸方から貸方への振替え）

| (借)売　　　　　上 | 160,000 | (貸)損　　　　　益 | 170,000 |
| 受 取 手 数 料 | 10,000 | | |

```
        損            益                        売            上
        売     上  160,000  ◄── 損     益  160,000 │        160,000
        受取手数料   10,000  ◄─┐
                              │          受 取 手 数 料
                              └─ 損     益   10,000 │         10,000
```

②費用の振替え（借方から借方への振替え）

| (借)損　　　　　益 | 70,000 | (貸)営　業　費 | 30,000 |
| | | 法 人 税 等 | 40,000 |

```
        営  業  費                            損            益
    30,000 │損     益  30,000 ──► 営 業 費   30,000
                                ┌► 法 人 税 等  40,000
        法  人  税  等          │
    40,000 │損     益  40,000 ──┘
```

(3)純損益の振替え

損益勘定の貸借差額は純損益を示すことになります。この純損益を**繰越利益剰余金勘定に振り替えます**。このときに行われる仕訳も決算振替仕訳です。

06)仮設の数値で示しています。

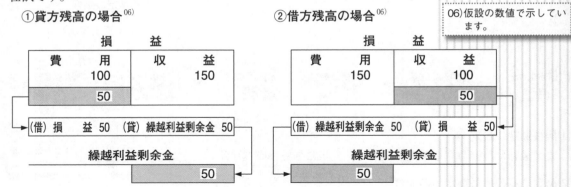

①貸方残高の場合[06]　　　　　　　②借方残高の場合[06]

(4)費用・収益の締切り

損益勘定への振替仕訳を転記すれば、**収益・費用の勘定は貸借が一致します**。また、繰越利益剰余金勘定へ振り替えた後の損益勘定も貸借が一致するので、合計額を貸借ともに同じ行に記入して締め切ります。ただし、記入した行の数によって締切方法が異なりますから、注意してください[07]。

貸借の記入した行数が異なる場合は、余白線を引き、合計は行を揃えて記入します。

07)1行しか記入がない場合は、合計線を引かずに、直接締切線を引きます。

	受取手数料		
3/31 損　益	10	11/15 現　金	10

売　上

3/31 損　　益	160,000	4/18 売　掛　金	100,000
		10/20 売　掛　金	60,000
	160,000		160,000

損　益

3/31 営　業　費	30,000	3/31 売　　　上	160,000
〃　法 人 税 等	40,000	〃　受取手数料	10,000
〃　繰越利益剰余金	100,000		
	170,000		170,000

⑸次期繰越および前期繰越の記入

①借方残高の場合

残高が借方に生じた場合は、貸方に「次期繰越」と朱記⁰⁸⁾し、借方と貸方の合計金額を一致させて締め切ります。次に、翌期首の日付で借方に「前期繰越」と記入し、残高を借方に戻します。

08)実務上は朱記しますが、全経の本試験では赤ペンが使用できないため、試験上は黒で記入することになります。

現　　　金

4/ 1	前 期 繰 越	25,000	10/25	諸　　　　　口	100,000
7/15	諸　　　　　口	140,000	3/31	次 期 繰 越	65,000
		165,000			165,000
4/ 1	前 期 繰 越	65,000			

②貸方残高の場合

残高が貸方に生じた場合は、借方に「次期繰越」と朱記⁰⁸⁾し、借方と貸方の合計金額を一致させて締め切ります。次に、翌期首の日付で貸方に「前期繰越」と記入し、残高を貸方に戻します。

借　入　金

6/21	現　　　　　金	100,000	4/ 1	前 期 繰 越	175,000
3/31	次 期 繰 越	75,000			
		175,000			175,000
			4/ 1	前 期 繰 越	75,000

⑹繰越試算表の作成

繰越しの記入が正しく行われたかを検証するために、**各勘定の次期繰越の金額を集計して繰越試算表を作成します。**

繰 越 試 算 表
×年3月31日　　（単位：円）

借 方 残 高	勘 定 科 目	貸 方 残 高
65,000	現　　　　金	
186,000	当 座 預 金	
350,000	売 掛 金	
	貸 倒 引 当 金	22,500
137,500	売買目的有価証券	
46,500	繰 越 商 品	
275,000	土　　　　地	
	借 入 金	75,000
	未払法人税等	40,000
	資 本 金	600,000
	繰越利益剰余金	322,500
1,060,000		1,060,000

繰越試算表には、収益・費用の項目はありません。収益・費用は繰り越さないためです。

税金の処理

はじめに

いよいよ決算となりました。「売上の10%ぐらいが利益として残っているな」
と予想されますが、この利益のうち、約30%は税金として支払わなければな
りません。この場合、どのように処理するのでしょうか。

1 税金の分類

会社は営業活動を行うにあたって、いろいろな税金を国または地方自
治体に納めています。これらは大きく3つに分けることができます。

税金	(1) 費 用 と な る 税 金	①固定資産税 ②自動車税 ③印紙税 etc.	⇒ 租税公課勘定 （費用）
	(2) 純利益のマイナスとなる税金 [01]	①法 人 税 ②住 民 税 ③事 業 税	⇒ 法人税等勘定
	(3) 消費税		

01) 純利益のマイナスとな
る税金はこの3つだけ
です。"法・住・事"（ホウ・
ジュウ・ジ）と覚えてお
きましょう。

2 費用となる税金の処理

例1-1

固定資産税 ¥100,000 の納付書を受け取り、直ちに現金で納付した。

固定資産税 [02]、印紙税 [03] 等の税金はその支払い（納付）のとき、もしく
は納付書を受け取ったときに、**租税公課勘定(費用)** で処理します。

(借)租 税 公 課	100,000	(貸)現　　　　金	100,000

なお、納付書を受け取り、現金等でただちに納付しない場合には次の
ように処理することもあります。

(借)租 税 公 課	100,000	(貸)未 払 税 金	100,000
		負債	

02) 固定資産税…毎年1月
1日に所有している土
地や建物などの固定資
産に対して、地方自治体
に納める税金です。

03) 印紙税…手形・商品代
金の受取書・各種契約
書などに対して課税さ
れる税金です。一種の取
引税です。

3 純利益のマイナスとなる税金の処理

　法人税[04]、住民税[05]および事業税[06]は、会社が獲得（計上）した所得（利益）に対し課税される税金であるため、これを純利益のマイナス項目として**法人税等勘定**[07]を用いて処理します。

　そして、これらには期中の一定の時期に、当期に見込まれる税額の半分に相当する額をあらかじめ申告し、前もって納付する**中間納付制度**があります。

　法人税等について、(1)**中間納付をしたとき**、(2)**決算のとき**、(3)**納付のとき**、の3つの処理に注意してください。

(1)中間納付時

例1-2

第2期の法人税等の中間申告を行い、¥200,000を小切手を振り出して納付した。

　中間納付をしたときは、その金額を仮払法人税等勘定（資産）として処理します。法人税等勘定で処理することはできません。

（借）仮払法人税等[08]	200,000	（貸）当 座 預 金	200,000

(2)決算時

例1-3

第2期の決算において計算された当期純利益¥2,000,000に対し、法人税、住民税および事業税の金額が¥600,000と計算された。

　決算において、法人税、住民税および事業税の金額が確定したときに、その金額を法人税等として計上します。このとき、法人税等は計上するだけで、実際に納付するのは後日となるため、**未払法人税等勘定（負債）**で処理します。ただし、**中間納付している金額（仮払法人税等の金額）**は、すでに納付していることになるため、その金額の分だけ、未払法人税等勘定の金額は少なくなります。

（借）法 人 税 等	600,000	（貸）仮払法人税等	200,000
		未払法人税等	400,000

(3)確定納付時

例1-4

法人税、住民税および事業税の未払分¥400,000を小切手を振り出して納付した。

（借）未払法人税等	400,000	（貸）当 座 預 金	400,000

04)法人税…株式会社などの法人の利益（所得）に対して、国に納める税金です。

05)住民税…個人または法人がその住所または事業所をもっていることに対して地方自治体に納める税金です。

06)事業税…株式会社などの法人が事業を行っているということに対して、都道府県に納める税金です。

07)したがって、法人税等の「等」は住民税と事業税を意味することになります。

08)当期の利益が確定していない中間申告時では、もちろん税金も未確定です。それを支払っているので、"仮払い"としておきます。

Try it 例題

【 法人税等の処理 】

次の取引の仕訳を示しなさい。

当社は、決算時に法人税 ¥600,000、住民税 ¥200,000、事業税（所得課税分）¥120,000 を確定した。なお、期中に中間納付した額（仮払処理済み）として、法人税 ¥250,000、住民税 ¥90,000、事業税（所得課税分）¥60,000がある。

解答
A

（借）法 人 税 等	920,000	（貸）仮払法人税等	400,000
		未払法人税等	520,000

4　消費税の処理

消費税[09]の処理には、税抜方式[10]と税込方式[11]とがあり、それぞれ(1)商品の仕入にさいして**仮払いをした時**、(2)売上にさいして**仮受けした時**、(3)**決算の時**、(4)**納付の時**、の4つに注意してください。

> 09) 消費税…国内で行われる物品やサービスの消費に対して、課税される税金です。
> 10) 取引額と消費税を分けて処理する方法です。
> 11) 取引額と消費税を分けずに処理する方法です。
> 12) 商品等の購入代金を支払ったさいに消費税額も合わせて支払いますが、これは企業にとっては後に得意先から受け取るものなので、一時的な「仮払い」となります。
> 13) 得意先から一時的に預かることになるので「仮受け」となります。

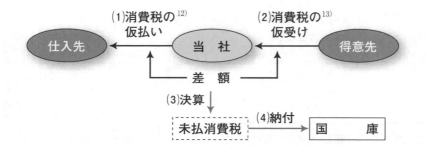

全経では税抜方式のみが、出題範囲となっています。

5　税抜方式の処理

税抜方式では、**物品を売買したさいに物品の代価と消費税分とを分けて記帳**します。

⑴仮払（購入）時

例1-5

商品 ¥550,000（うち消費税額 ¥50,000）を掛けで仕入れた。

（借）仕　　　　入	500,000	（貸）買　掛　金	550,000
仮 払 消 費 税	50,000		

⑵仮受（販売）時

例1-6

上記商品を ¥880,000（うち消費税額 ¥80,000）で売り上げ、代金は現金で受け取った。

| (借)現 | 金 | 880,000 | (貸)売 | 上 | 800,000 |
| | | | 仮受消費税 | | 80,000 |

(3)決算時[14]

例1-7

当期の消費税の仮払額は ¥50,000、仮受額は ¥80,000 であった。

　仮受消費税と仮払消費税の差額は、当社が国庫に納付する額となります。決算にさいして仮受消費税と仮払消費税を相殺し、差額は未払消費税勘定(負債)に振り替えます[15]。

| (借)仮 受 消 費 税 | 80,000 | (貸)仮 払 消 費 税 | 50,000 |
| | | 未 払 消 費 税 | 30,000 |

(4)納付時

例1-8

消費税の未払額 ¥30,000 を現金で納付した。

| (借)未 払 消 費 税 | 30,000 | (貸)現 | 金 | 30,000 |

勘定科目の動きでみると、次のようになります。

仮払消費税
| (1)買掛金 50,000 | (3)仮受消費税 50,000 |

仮受消費税
| (3)仮払消費税 50,000 | (2)現金 80,000 |
| (3)未払消費税 30,000 | |

未払消費税
| (4)現金 30,000 | (3)仮受消費税 30,000 |

14)当期の損益計算書
Ⅰ売上高　800,000
Ⅱ売上原価　500,000
売上総利益　300,000

15)場合によっては、仮受消費税より仮払消費税のほうが大きくなることもあります。このときは、差額が還付される(戻ってくる)ので、未収還付消費税勘定に振り替えます。

▶ ○○が負担する税金、○○税 ◀

　法人税は法人が負担し、所得税は所得者が負担します。また、住民税は住民が負担し、事業税は事業者が負担します。
　この考えでいけば、**消費税**は「**消費者が負担する税金**」ということになります。
　上記の取引をよく見てください。仕入時に50,000円仮払いしていますが、販売時に80,000円仮受けし、納税しているのはその差額の30,000円です。この取引だけでいうと、会社自体はまったく負担していないということがわかりますね。
　では、負担しているのは誰でしょうか？
　もちろん最終消費者です。我々が日常、物を買うときに消費税を支払っていますものね。
　商品売買の中では、会社は負担しない、というのが消費税の特徴です。

売上原価の算定と損益勘定

Section 2 重要度 ★★★★★

はじめに

あなたの会社の期首の商品在庫は20,000円、当期の仕入を仕入勘定で見ると140,000円、そして期末に商品在庫の棚卸をすると50,000円分が残っていました。

当期の売上原価はいくらでしょうか。また、それを帳簿上どのように把握するのでしょうか。

1 売上原価とは

売上原価とは、一会計期間に販売された商品の原価をいいます。これは、決算時に次の算式で算定します。

売上原価 ＝ 期首商品棚卸高 ＋ 当期商品仕入高 － 期末商品棚卸高
期首在庫商品　　　　　　仕入勘定残高[01]　　　　　期末在庫商品

> 01) 返品控除後の金額です。

この計算式にもとづき売上原価を計算すると、次のようになります。

売上原価 ＝ ￥20,000 ＋ ￥140,000 － ￥50,000 ＝ ￥110,000

当期の商品の動きを図示すると、次のようになります。

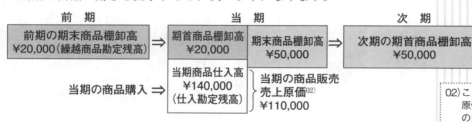

> 02) こうして算定した売上原価と、当期の売上高との差額が売上総利益となります。

売上原価を、仕入勘定、売上原価勘定、損益勘定のそれぞれで算定する場合を見比べ、どの場合も「期首商品棚卸高＋当期商品仕入高－期末商品棚卸高」となっていることを確認しましょう。

2 仕入勘定で算定する場合

①繰越商品勘定[03]・借方の前期繰越額（期首商品棚卸高）を仕入勘定へ振り替え[04]、②期末商品棚卸高を仕入勘定から除き、繰越商品勘定・借方へ振り替えます。

> 03) 決算整理前の残高が、期首商品棚卸高を示しています。
>
> 04) 決算整理前の仕入勘定残高には、当期商品仕入高が記入されています。

①	（借）仕 入	20,000	（貸）繰 越 商 品	20,000
②	（借）繰 越 商 品	50,000	（貸）仕 入	50,000

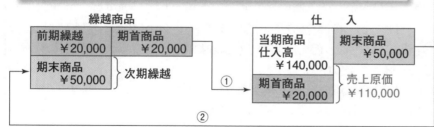

3 売上原価勘定で算定する場合

決算時において、新たに売上原価勘定を設け、そこへ、①繰越商品勘定の前期繰越額(期首商品棚卸高)および②仕入勘定の残高(当期商品仕入高)を振り替え、そこから③期末商品棚卸高を繰越商品勘定へ振り替えます。

① (借)売 上 原 価 20,000 (貸)繰 越 商 品 20,000
② (借)売 上 原 価 140,000 (貸)仕 入 140,000
③ (借)繰 越 商 品 50,000 (貸)売 上 原 価 50,000

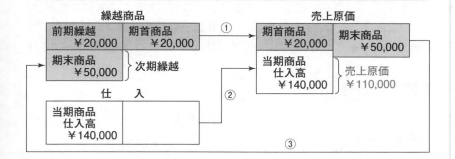

4 損益勘定で算定する場合

決算において、費用、収益の諸勘定を整理するために用いる損益勘定で売上原価を算定する方法です。この場合の処理は、売上原価勘定で算定する場合と同様です[05]。

① (借)損 益 20,000 (貸)繰 越 商 品 20,000
② (借)損 益 140,000 (貸)仕 入 140,000
③ (借)繰 越 商 品 50,000 (貸)損 益 50,000

05)期首商品・当期仕入高・期末商品を売上原価勘定に振り替えるのか、損益勘定に振り替えるのか、という違いがあります。

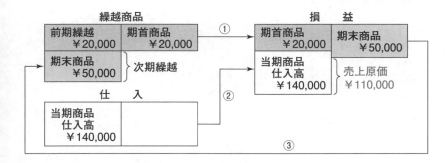

▶ 売上原価を計算する場所 ◀

売上原価の算定を行っている勘定をよく見てみましょう。
どの勘定も「期首商品棚卸高＋当期商品仕入高－期末商品棚卸高」となっていますね。
期末に売上原価を算定するというのは必要な行為であり、その行為を行っている場所が違うだけです。3つの違いは、単なる場所の問題にすぎないのです。

期末商品の評価

はじめに

「決算になるので、倉庫の商品の数を数えて棚卸しをしておいてください」と顧問税理士のK氏にいわれたあなたは、思わず「商品の数ならわかりますよ。商品有高帳を付けていますから」と答えました。するとK氏は、「その商品有高帳の数字が正しいかどうかを確認するのです。ひょっとすると数が減っているかもしれませんよ」といいました。"まさか数が減るなんて"と思いつつ棚卸しをしたところ、商品有高帳上の在庫数量100個に対して、実際の数量は90個。また、商品の原価@¥1,200に対して決算日の価値は@¥1,100でした。この場合にはどのように処理すればよいのでしょうか。

1 期末商品の評価に関する処理

期末商品棚卸高は商品ごとに『単価×数量』によって計算されますが、その処理は次の4つの処理に関係します。

(1) 売上原価の算定
(2) 数量の減少による棚卸減耗費の算定
(3) 収益性の低下[01]による商品評価損の算定
(4) 貸借対照表における商品の金額(=繰越商品勘定の次期繰越額)の算定

> 01) 収益性が低下し、原価以下でしか売れない場合に計上します。

2 売上原価の算定

例3-1

期末現在、帳簿棚卸数量は100個、原価は@¥1,200であった。

売上原価を算定するための期末商品棚卸高は帳簿棚卸高であり、次のように計算します。

(1)計算式

> **期末商品棚卸高 =(帳簿上の)単位原価 × 帳簿上の数量**

期末商品棚卸高:@¥1,200 × 100個 = ¥120,000

(2)処 理

仕入勘定で売上原価を算定する場合は、次のようになります。

(借)仕	入	×××	(貸)繰 越 商 品	×××
(借)繰 越 商 品	120,000	(貸)仕	入	120,000

期末商品棚卸高を帳簿上の棚卸高で処理することにより、仕入勘定の差額で計算される売上原価は純粋な(棚卸減耗費および商品評価損の金額を含まない)売上原価として計算することができます。

> 当期に10個仕入れ、帳簿上7個払い出し、3個在庫となっていたが、実際に倉庫には2個しかなかったとイメージしましょう。
> 売上原価の7個の算出には仕入の10個から帳簿残高の3個を差し引かなくてはなりません。2個を差し引いたのでは、8個売り上げたことになってしまいます。

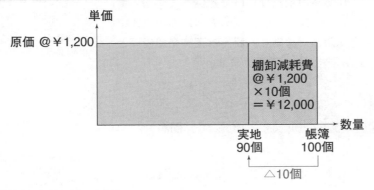

> 02) タテ×ヨコの面積計算
> と考えて算定してくだ
> さい。

③ 棚卸減耗

例3-2
棚卸しの結果、期末の帳簿棚卸数量は100個、実地棚卸数量は90個であった。

　棚卸減耗とは、帳簿上の数量と実地棚卸を行って算定した数量との差異をいいます(つまり、保管している間になくなってしまう数量のことをいいます)。棚卸減耗が生じた場合は、その金額を計算し、棚卸減耗費(費用)として処理しなければなりません。

(1)計算式

> **棚卸減耗費 ＝ 単位原価 ×(帳簿数量－実地数量)**

棚卸減耗費：@¥1,200×(100個－90個)＝¥12,000

(2)処理

　棚卸減耗費は、期末の帳簿棚卸高を示している繰越商品勘定から減額します。

> (借)棚 卸 減 耗 費　　12,000　　(貸)繰 越 商 品　　12,000

(3)売上原価に算入する場合

　経常性のある棚卸減耗費は、仕入勘定など、売上原価の計算を行う勘定に振り替えることがあります[03]。

> 03) 通常起こる範囲の棚卸
> 減耗については、P/L上、
> 売上原価の内訳科目と
> するか、販売費及び一般
> 管理費とします。問題文
> の指示に従ってくださ
> い。

> 「売上原価の内訳科目とす
> る」イコール、売上原価に
> 含めるという意味です。

棚卸減耗費 ¥12,000 のうち ¥10,000 については売上原価に算入するため、仕入勘定に振り替える。

（借）仕 入 [04]	10,000	（貸）棚 卸 減 耗 費	10,000

> 04) 棚卸減耗により、売上原価が増加したことを意味しています。

▶ 簿記のルール 「帳簿VS実際」は常に実際の勝ち ◀

　3級を学んだときの現金過不足を思い出してください。

　帳簿上 10,000 円あるはずなのに、実際には 9,800 円しかなかったとしたら、帳簿の額を実際の額に合わせるために、借方・現金過不足 200 円、貸方・現金 200 円と処理しましたね。これは「実際＝事実」という関係があり、帳簿は事実を書いておくべきものだからです。

　棚卸減耗費も同じことなのです。

　帳簿上 100 個あるはずだったのに、実際に数えてみると 90 個しかなかった。

　だから帳簿の個数を実際の個数に合わせて減らし、減った分（10 個）に単位原価を掛けて金額を算定し、それを棚卸減耗費という費用にする、という処理を行います。

　簿記では、常に「帳簿VS実際」は実際の勝ち（つまり帳簿を実際に合わせる）と、知っておきましょう。

4　商品評価損

期末商品の原価 @¥1,200 に対して、正味売却価額は @¥1,100 であった。

　商品の評価とは、"貸借対照表に計上する商品の金額を決定する"という意味です。原則として、仕入れた時の金額（原価）で評価しますが、原価と決算日の価値（正味売却価額）とを比較して、正味売却価額が原価よりも下がっている場合は正味売却価額で評価し、**原価と正味売却価額との差額（評価差額）**は、当期の費用（商品評価損）とします。

> 例えば、この本の定価が ¥1,800、取次会社（問屋）取り分が 10 パーセント、書店取り分が 20 パーセントと考えると、取次取り分と書店取り分は、当社にとってのコストと考えることができます。そのため、この本の正味売却価額は ¥1,260（ ＝ ¥1,800 × 70%）となります。

		評 価 額
商品の評価	原価＜正味売却価額 ・・・	原 価 [05]
	原価＞正味売却価額 ・・・	正味売却価額

　正味売却価額とは、売価から販売のための諸費用（見積販売直接経費）を差し引いたものです。

⑴計算式

　　商品評価損 ＝（原価 － 正味売却価額）× 実地数量 [06]

商品評価損：（@¥1,200 －@¥1,100）× 90 個 ＝ ¥9,000

> 05) 正味売却価額が原価よりも高い場合は、原価のままで評価するため、とくに処理は行いません。したがって、「商品評価益」が出ることはありません。
>
> 06) 減耗した商品の評価を行うことはありません。失われた商品を評価しても意味がないためです。あくまで実地数量について評価します。

(2)処　理

　商品評価損の金額は、期末の帳簿棚卸高を示している繰越商品勘定から減額します。また、商品評価損は原則として売上原価の内訳科目とします[07]。

| （借）商　品　評　価　損 | 9,000 | （貸）繰　越　商　品 | 9,000 |

　なお、棚卸減耗費と同様に、指示によっては仕入勘定に振り替えることもあります。振り替える場合には、以下のような仕訳となります。

| （借）仕　　　　　　　入 | 9,000 | （貸）商　品　評　価　損 | 9,000 |

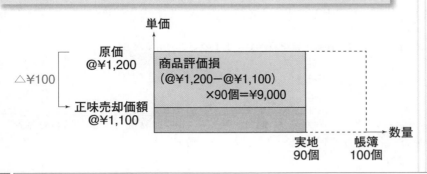

5　貸借対照表の商品金額

　期末商品(帳簿)棚卸高についてはこのような処理が順次行われ、残った部分(＝@¥1,100 × 90個)が貸借対照表上の商品および繰越商品勘定の次期繰越の金額となります[08]。

①帳簿上の棚卸高…………¥120,000
②棚卸減耗費………（−）¥ 12,000
③商品評価損………（−）¥　9,000
④Ｂ／Ｓ上の商品………¥ 99,000

▶ ないものは評価しない ◀

　なにかの失敗を、いつまでもくよくよしていると「そんな、死んだ子の年を数えるようなこと言うとったらあかんで!」と、親に言われたことがあります。

　商品の評価損を計算するさいに「時価がいくら下がったのか」はすぐにわかるのですが、迷ってしまうのが「帳簿数量を掛けるのか実地数量を掛けるのか」の問題です。

　そこで思い出してほしいのが「ないものは評価しない」という、ごく当たり前の感覚です。

　棚卸減耗でなくなってしまった10個について「あれが残っていればいくらだったのに…」などと考えても意味はないですものね。もうなくなってしまったものなのですから。

　ですから、商品評価損を計算するさいに掛けるのは、絶対に実際に残っている商品の数、実地数量になるのです。

期末商品の評価

次の資料にもとづいて決算整理仕訳を示し、精算表および損益計算書を完成させなさい。

〔資　料〕

1. 期首商品棚卸高 ¥5,000、当期商品仕入高 ¥75,000、売上高 ¥100,000であった。
2. 期末商品について、

　　　帳簿棚卸数量　80個　　原価　@¥50

　　　実地棚卸数量　75個　　正味売却価額　@¥48

　ただし、棚卸減耗費と商品評価損は売上原価に算入し、その内訳科目とする。

　なお、売上原価は「仕入」の行で算定すること。また、棚卸減耗費と商品評価損は精算表上は独立の科目として表示する。

※精算表と損益計算書の答案用紙を設けていますのでご利用ください。

精　算　表（一部）

勘定科目	残高試算表		整理記入		損益計算書		貸借対照表	
	借方	貸方	借方	貸方	借方	貸方	借方	貸方
繰 越 商 品	5,000							
⋮								
仕　　　入	75,000							
⋮								
売　　　上		100,000						
⋮								
棚 卸 減 耗 費								
商 品 評 価 損								

損　益　計　算　書

費　　　　用	金　額	収　　　　益	金　額
期 首 商 品 棚 卸 高		売　上　高	
当 期 商 品 仕 入 高		期 末 商 品 棚 卸 高	
棚 卸 減 耗 費			
商 品 評 価 損			
売 上 総 利 益			

(借)仕　　　　　入	5,000	(貸)繰　越　商　品	5,000	
(借)繰　越　商　品	4,000	(貸)仕　　　　　入	4,000	
(借)棚 卸 減 耗 費	250 09)	(貸)繰　越　商　品	400	
商 品 評 価 損	150 10)			

09) @¥50×(80個−75個)
　　 ＝¥250
10) (@¥50 −@¥48)
　　 ×75個＝¥150

精　算　表（一部）

勘定科目	残高試算表		整 理 記 入		損益計算書		貸借対照表	
	借方	貸方	借方	貸方	借方	貸方	借方	貸方
繰 越 商 品	5,000		4,000	5,000			3,600	
				250				
				150				
⋮								
仕　　　　　入	75,000		5,000	4,000	76,000			
⋮								
売　　　　　上		100,000				100,000		
⋮								
棚 卸 減 耗 費			250		250			
商 品 評 価 損			150		150			

損　益　計　算　書

費　　　　　用	金　　額	収　　　　益	金　　額
期 首 商 品 棚 卸 高	5,000	売　　　上　　　高	100,000
当 期 商 品 仕 入 高	75,000	期 末 商 品 棚 卸 高	4,000
棚 卸 減 耗 費	250		
商 品 評 価 損	150		
売 上 総 利 益	23,600		
	104,000		104,000

期末商品棚卸高：¥4,000

原価 @¥50	商品評価損 ¥150	棚　卸
正味売却価額 @¥48		減耗費
	貸借対照表価額 11) ¥3,600	¥250

実地数量　帳簿数量
75個　　　80個

11) 貸借対照表の商品の金額は、
　　次のように計算できます。
　　@¥48×75個＝¥3,600

参考 棚卸減耗費および商品評価損を売上原価に振り替えるさい、次の仕訳を行います。ただし、問題に「仕入勘定に振り替える」等の指示がない場合、仕訳は行わないでください。

| （借）仕 入 | 400 | （貸）棚 卸 減 耗 費 | 250 |
| | | 商 品 評 価 損 | 150 |

Section 3のまとめ

■棚 卸 減 耗 費　棚卸減耗とは、帳簿上の数量と実地棚卸を行って算定した数量との差異をいいます。

> 棚卸減耗費 ＝ 単位原価 ×（帳簿数量 － 実地数量）

■商 品 評 価 損　商品評価損とは、期末の商品の正味売却価額が原価を下回った場合に、原価を正味売却価額まで切り下げるために計上する評価損です。

> 商品評価損 ＝（原価 － 正味売却価額）× 実地数量

■貸借対照表の
　商 品 金 額

期末帳簿棚卸高　150個　　原　　　価　@¥1,000
期末実地棚卸高　140個　　正味売却価額　@¥　800
棚 卸 減 耗 費：@¥1,000×（150個－140個）＝¥10,000
商 品 評 価 損：（@¥1,000－@¥800）×140個＝¥28,000
B／S上の商品：@¥800×140個＝¥112,000

Section 4 収益・費用の繰延べ

重要度 ★★★★★

はじめに

当社は×1年12月1日に店舗の火災保険料1年分を現金で支払い、全額保険料勘定（費用の勘定）で処理していました。決算手続中にこれを見た顧問税理士のK氏は、「この保険料ですが、支払った金額の全部を当期の保険料にしてはいけないんですよ。来年の分（×2年1月1日から11月30日までの分）が入っていますからね」とのことでした。

では当期分の保険料だけを費用にするには、どうしたらいいのでしょうか?

1 費用の繰延べとは

このような場合には、すでに×1年12月1日に計上した1年分の保険料から来年度分（×2年1月1日から11月30日までの11カ月分）の保険料を差し引いて、当期分の保険料に修正する処理が必要です。

この処理を**費用の繰延べ**といい、費用を正しく計上するためには大切な処理です。

なお、繰り延べた来年度の費用を**前払費用**といいます。

> 費用の繰延べ、見越しについては3級でも学習しましたが重要な論点ですので基本的なところから確認していきます。

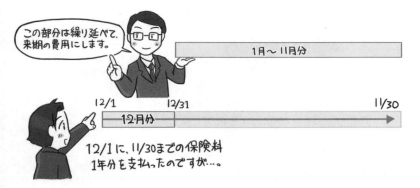

2 費用の繰延べの処理

費用の繰延べの処理については、(1)保険料を支払ったとき、(2)決算になったとき、の2つに分けて考えます。

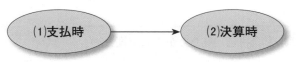

(1)支払時

例4-1

×1年12月1日に保険料（1年分）¥12,000を現金で支払った。

保険料を支払ったときには、**保険料勘定（費用の勘定）の増加**として処理します。

（借）保　険　料　12,000　（貸）現　　　金　12,000

(2)決算時

例4-2

X1年12月31日になり、決算をむかえた。

　ここでは費用の前払分があるので、保険料 ¥12,000から、来年度分の保険料11カ月分（X2年1月1日から11月30日までの分）を差し引くために、**保険料勘定の貸方**に記入します。また、前払は資産である[01]ため、11カ月分 ¥11,000を前払費用として**前払保険料勘定（資産の勘定）の借方**に記入します。

（借）前 払 保 険 料	11,000	（貸）保 　 険 　 料 [02]	11,000 [03]

　このように処理することにより、保険料は当期分（1カ月分）の ¥1,000 [04]となります。

01）この時点で解約すると、11カ月分の保険料は返ってきます。

02）費用の減少は貸方に記入するのでしたね。

03）金額は次のように計算します。
$$\frac{¥12,000}{12\,カ月} \times 11\,カ月$$
$$= ¥11,000$$

04）¥12,000 － ¥11,000
$= ¥1,000$

3　収益の繰延べ

　費用だけでなく収益も繰り延べることがあります。この処理を具体例をあげて考えてみることにしましょう。収益の繰延べの処理についても、(1)利息などを受け取ったとき、(2)決算になったとき、の2つに分けて考えます。なお、繰り延べた来年度以降の収益を**前受収益**といいます。

(1)受取時

例4-3

X1年12月1日に貸付金の利息（向こう一年分）¥6,000を現金で受け取った。

　このときには、**受取利息勘定（収益の勘定）の増加**として処理します。

（借）現 　 　 金	6,000	（貸）受 取 利 息	6,000

(2)決算時

例4-4

X1年12月31日になり、決算をむかえた。

　ここでは、収益の前受分があるので、受取利息 ¥6,000から来年度分の利息11カ月分（X2年1月1日から11月30日までの分）を差し引くために、**受取利息勘定の借方**に記入します。また、11カ月分の前受分を負債として処理する[05]ため、前受収益として**前受利息勘定（負債の勘定）の貸方**に記入します[06]。

（借）受 取 利 息 [07]	5,500	（貸）前 受 利 息	5,500

　このように処理することにより、受取利息は当期分（1カ月分）の ¥500 [08]となります。

この時点で、以下のように処理することはありません。
　（現　　金）6,000
　　（受取利息）　 500
　　（前受利息）5,500
あくまでも決算時に処理します。

05）この時点で貸付金が返済されると現金を返す必要があります。

06）すでに受け取っているため、負債として処理します。

07）収益の減少は借方に記入するのでしたね。

08）¥6,000 － ¥5,500
$= ¥500$

4 繰り延べた場合の再振替仕訳

(1)再振替仕訳

決算において、繰延計上した収益、費用は次期の期首において、貸借逆の仕訳を行い、再び収益、費用に振り替えます。この処理を**再振替仕訳**といいます。

> 例4-5
> 1月1日、期首となり、再振替仕訳を行う。なお、当社では前期末に保険料の前払分 ¥11,000（11カ月分）を繰り延べている。

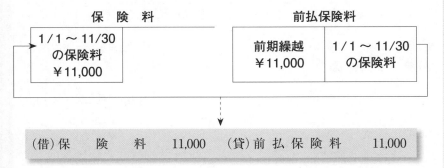

保　険　料	
1/1～11/30 の保険料 ¥11,000	

前払保険料	
前期繰越 ¥11,000	1/1～11/30 の保険料

（借）保　険　料　11,000　（貸）前払保険料　11,000

(2)期中の処理

通常どおりの、保険料の支払いの処理をします。

> 例4-6
> 12月1日、向こう1年分の保険料 ¥12,000 を現金で支払った。

（借）保　険　料　12,000　（貸）現　　　金　12,000

> このときに、決して次のような仕訳は行いません。
> （前払保険料）11,000
> （保　険　料）1,000
> 　（現　　金）12,000
> このような処理を行わず、期中には通常の処理が行えるようにするために再振替仕訳を行うのです。

(3)決算時の処理

前払分の繰延べを行います。

> 例4-7
> 12月31日、決算となり、保険料の繰延べを行った。

決算の時点での保険料勘定は、**23カ月分**が記帳されており、このうちの次期分（11カ月分）を繰り延べます[09]。

> 09) このように、毎期継続的に処理している場合には、「再振替仕訳分＋当期支払分」が保険料勘定に記入されている点に注意してください。

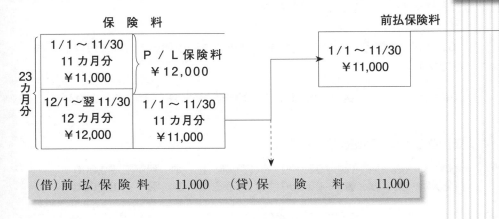

	保　険　料		前払保険料
23 カ 月 分	1/1～11/30 11カ月分 ¥11,000	P/L保険料 ¥12,000	1/1～11/30 ¥11,000
	12/1～翌11/30 12カ月分 ¥12,000	1/1～11/30 11カ月分 ¥11,000	

（借）前払保険料　11,000　（貸）保　険　料　11,000

収益・費用の繰延べ

決算日(12月31日)および翌期首における次の取引の仕訳を行いなさい。

(1) 保険料 ¥36,000は9月1日に1年分支払ったものであり、未経過分を繰り延べる。

(2) 受取利息 ¥15,000は11月1日に6カ月分を前受けしたものである。

(3) 翌期首となり、再振替仕訳を行う。

解答

(1)	(借)前 払 保 険 料	24,000 10)	(貸)保　険　料	24,000
(2)	(借)受 取 利 息	10,000 11)	(貸)前 受 利 息	10,000
(3)	(借)保　険　料	24,000	(貸)前 払 保 険 料	24,000
	(借)前 受 利 息	10,000	(貸)受 取 利 息	10,000

10) $\dfrac{¥36,000}{12カ月} \times 8カ月$
$= ¥24,000$

11) $\dfrac{¥15,000}{6カ月} \times 4カ月$
$= ¥10,000$

Section 4のまとめ

■収益・費用の繰延べ

費用の繰延べ	10月1日にむこう1年分の地代 ¥120,000を支払った。決算日は12月末日である。

　　　　　　　　┌資産の増加　　　　　　　　　　　　　┌費用の減少
(借)前 払 地 代　90,000　(貸)支 払 地 代　90,000

$¥120,000 \times \dfrac{9カ月}{12カ月} = ¥90,000$

収益の繰延べ	10月1日にむこう1年分の家賃 ¥120,000を受け取った。決算日は12月末日である。

　　　　　　　　┌収益の減少　　　　　　　　　　　　　┌負債の増加
(借)受 取 家 賃　90,000　(貸)前 受 家 賃　90,000

繰延べの再振替仕訳	翌期首となり、再振替仕訳を行う。

(借)支 払 地 代　90,000　(貸)前 払 地 代　90,000
(借)前 受 家 賃　90,000　(貸)受 取 家 賃　90,000

Section 5 収益・費用の見越し

重要度
★★★★★

はじめに

当社には、×1年11月1日にJRA銀行に預けた定期預金(利息は契約により半年ごとに後払い)があります。
本日(12月31日)決算をむかえて、11月分と12月分の利息は当期分のものだから、受取利息に計上しようと思いました。ところが、貸方の勘定科目は受取利息とわかったものの、実際に受け取ったわけではないため、借方の勘定科目がわかりません。
このような場合には、いったいどのように処理したらよいのでしょうか。

1 収益の見越しとは

このような場合には、代金を現金等で受け取っているわけではないので、借方を「現金」などとすることはできません。したがって、**未収利息勘定(資産の勘定[01])** を用いて処理します。

このような処理を**収益の見越し**といい、決算のときに収益を正しく計上するために行われます。見越して計上した収益を**未収収益**といいます。

> 01)有価証券の売却など単発の取引により代金を受け取っていないものを処理する未収金勘定と混同しないようにしてください。
> 未収収益勘定は利息の受取りなど継続的な取引の場合に用いる勘定です。

2 収益の見越しの処理

収益の見越しの処理については、(1)定期預金に預け入れたとき、(2)決算になったとき、の2つに分けて考えます。

(1)預入時

例5-1
×1年11月1日に、定期預金に現金 ¥100,000 を預けた(定期預金の利率は年1.2%、利払日は6カ月後)。

預け入れた時点では利息はつかないので、利息に関する処理は必要ありません。

(借)定 期 預 金	100,000	(貸)現　　　　金	100,000

(2)決算時

例5-2
×1年12月31日になり、決算をむかえた。

利息は後払いであるため、決算時点では(利息を)受け取っていません。しかし、実際には、すでに2カ月間(11月～12月)預けているわけです

から、その期間分の利息を収益として計上すべきです。そこで、未計上となっている受取利息を計上するため**受取利息勘定の貸方**に記入します。また、現金等で処理することができないので、**未収収益**として**未収利息勘定（資産の勘定）の借方**に記入します。

02）未収利息を貸借対照表上で表示するときは、他の「未収○○」勘定と集約して「未収収益」とします。

03）金額は次のように計算します。
$$\yen 100,000 \times 1.2\% \times \frac{2 \text{カ月}}{12 \text{カ月}} = \yen 200$$

（借）未　収　利　息[02]	200	（貸）受　取　利　息	200[03]

このように処理することにより、受取利息は当期分（2カ月分）の ¥200 となります。

3 費用の見越し

収益だけでなく、費用も見越計上することがあります。この処理を具体例をあげて考えてみることにしましょう。ここでは土地を賃借した場合を例に、(1)土地を賃借する契約を結んだとき、(2)決算になったとき、の2つに分けて考えます。なお、見越計上した費用を**未払費用**といいます。

(1)賃借時

例5-3
当社は、X1年11月1日に同業の尾道商店から土地を賃借することにした（なお、地代は契約により半年ごとに後払いで支払う約束で、地代は月額 ¥100 とする）。

このときには処理は必要ありません。

仕訳は行いません。

(2)決算時

例5-4
X1年12月31日になり、決算をむかえた。

地代は後払いの約束なので、決算時点では支払う必要はありません。しかし、実際には、すでに土地を賃借して2カ月間（11月～12月）経過しているので、その期間の地代を費用として計上すべきです。そこで、**支払地代勘定（費用の勘定）の借方**に記入します。また、地代を現金で支払っているわけではありませんので、**未払費用**として**未払地代勘定（負債の勘定）の貸方**に記入します。

（借）支　払　地　代	200[04]	（貸）未　払　地　代[05]	200

04）@¥100 × 2カ月 ＝ ¥200

05）未払金勘定と混同しないようにしてください。なお、未払地代を貸借対照表上で表示するときは、他の「未払○○」勘定と集約して「未払費用」とします。

このように処理することにより、支払地代は当期分（2カ月分）の ¥200 となります。

4 見越した場合の再振替仕訳

(1)再振替仕訳

　見越計上した収益、費用は、次期の期首に貸借逆の仕訳(再振替仕訳)を行い、各収益、費用の勘定に戻します。

例5-5

1月1日、期首となり、再振替仕訳を行う。なお、当社では、長期にわたる貸付金の利息として、4月末、10月末にそれぞれ ¥600 ずつ受け取っており、前期末に未収利息として ¥200(2カ月分)を見越計上している。

受取利息		未収利息	
11/1~12/31 の 利息　¥200[06]		前期繰越 ¥200	11/1~12/31 の 利息　¥200

06)受取利息勘定が借方からはじまっている点に注意してください。

（借）受 取 利 息　　200　（貸）未 収 利 息　　200

(2)期中の処理

　通常どおりの、利息の受取りの処理をします。

例5-6

4月30日、6カ月分の貸付金利息 ¥600 を現金で受け取った[07]。

（借）現　　　　金　　600　（貸）受 取 利 息　　600

07)決して次の仕訳は行いません。
（現　　金）600
　　（未収利息）200
　　（受取利息）400
再振替仕訳を行っているので、上記のような仕訳にはなりません。

例5-7

10月31日、6カ月分の貸付金利息 ¥600 を現金で受け取った。

（借）現　　　　金　　600　（貸）受 取 利 息　　600

簿記の大原則として、同じ取引は同じ仕訳でなければなりません。
　4月30日、10月31日は同じ取引であり、同じ仕訳が行われます。
　仮に再振替仕訳を行わないとすると、4月30日は07)に示した仕訳を行う必要が生じ、10月31日の仕訳と異なってしまいます。
ここに再振替仕訳の必要性があります。

(3)決算時の処理

例5-8

12月31日、決算となり、利息の見越計上を行う。

　決算整理前の受取利息勘定は、10カ月分が記帳されています。

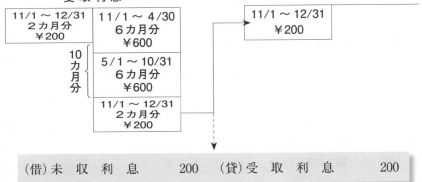

（借）未 収 利 息　　200　（貸）受 取 利 息　　200

Try it 例題 　収益・費用の見越し

決算日（X5年12月31日）および翌期首における次の取引の仕訳を行いなさい。

(1) 貸付金 ￥200,000はX5年10月1日に貸付期間2年、利率年6％で貸し付けたものであり、利息は9月末、3月末に各半年分を受け取ることになっている。利息は月割計算による。

(2) X5年12月分の家賃 ￥6,000が未払いとなっている。

(3) X6年1月1日、期首となり再振替仕訳を行う。

(1)	（借）未 収 利 息	3,000 08)	（貸）受 取 利 息	3,000
(2)	（借）支 払 家 賃	6,000	（貸）未 払 家 賃	6,000
(3)	（借）受 取 利 息	3,000	（貸）未 収 利 息	3,000
	（借）未 払 家 賃	6,000	（貸）支 払 家 賃	6,000

08) ￥200,000 × 6%
$\times \dfrac{3 \text{カ月}}{12 \text{カ月}} = ￥3,000$

Section 5のまとめ

■収益・費用の見越し

費用の見越し 　決算にあたり、利息の未払分 ￥30,000を計上した。

　　　　　　　　　┌費用の増加　　　　　　　　　　　　　┌負債の増加
（借）支 払 利 息　30,000　（貸）未 払 利 息　30,000

収益の見越し 　決算にあたり、家賃の未収分 ￥10,000を計上した。

　　　　　　　　　┌資産の増加　　　　　　　　　　　　　┌収益の増加
（借）未 収 家 賃　10,000　（貸）受 取 家 賃　10,000

見越しの 再振替仕訳 　翌期首となり、再振替仕訳を行う。

（借）未 払 利 息　30,000　（貸）支 払 利 息　30,000
（借）受 取 家 賃　10,000　（貸）未 収 家 賃　10,000

Section 6 決算整理事項

重要度
★★★★☆

はじめに

いかに期中の処理が正しくても、決算のときに資産・負債・純資産・収益・費用の金額を修正しなければならないことがあります。例えば、有価証券の評価替えや減価償却です。このように会計期間中には正しい処理をしたけれども、決算のときに修正を必要とする事柄を決算整理事項(決算修正事項)といいます。

2級で出題されている決算整理事項について取り上げます。

1　決算整理事項とは

期中には正しく記入を行ったが、**決算にあたって修正が必要な事柄**を決算整理事項といいます。過去に出題実績のある決算整理事項は、次のとおりです。

> 試験にもよく出ていますので、頑張っていきましょう。

決算整理事項	学んだ Chapter、Section
売上原価の算定	Chapter 8　Section 2
期末商品の評価	Chapter 8　Section 3
貸倒引当金の設定	3級の内容
固定資産の減価償却	Chapter 5　Section 1
売買目的有価証券の評価替え	Chapter 4　Section 1
現金過不足の処理	3級の内容
当座預金の処理	Chapter 2　Section 1
仮払金・仮受金の処理	3級の内容
消耗品費の処理	3級の内容
その他の引当金の処理	Chapter 6　Section 2
法人税・住民税・事業税	Chapter 8　Section 1
消費税の処理	Chapter 8　Section 1
収益・費用の見越し・繰延べ	Chapter 8　Section 4、5

復習をかねて、主要な決算整理事項の処理を確認しましょう。

決算整理前残高試算表（一部）

受 取 手 形	55,000	仮 受 消 費 税	30,000
売 掛 金	35,000	貸 倒 引 当 金	1,000
繰 越 商 品	25,000	備品減価償却累計額	6,000
売買目的有価証券	18,000		
仮 払 消 費 税	24,000		
備 品	30,000		
仕 入	300,000		
保 険 料	9,000		

(1)売上原価の算定と期末商品の評価

例6-1

期末商品棚卸高は、次のとおりである。なお、売上原価は仕入勘定で処理すること。

〔資　料〕

帳簿棚卸数量	460 個	原	価	@¥50
実地棚卸数量	450 個	正味売却価額		@¥48

売上原価の算定

（借）仕 入	25,000	（貸）繰 越 商 品	25,000 [01]
（借）繰 越 商 品	23,000 [02]	（貸）仕 入	23,000

期末商品の評価

（借）棚 卸 減 耗 費	500 [03]	（貸）繰 越 商 品	1,400
商 品 評 価 損	900 [04]		

(2)貸倒引当金の設定

例6-2

受取手形および売掛金の期末残高に、2 %の貸倒引当金を差額補充法により設定する。

（借）貸倒引当金繰入	800 [05]	（貸）貸 倒 引 当 金	800

(3)固定資産の減価償却

例6-3

備品について定額法（残存価額は取得原価の 10 %、耐用年数 6 年）により減価償却を行う。

（借）減 価 償 却 費	4,500 [07]	（貸）備品減価償却累計額 [06]	4,500

01) 残高試算表における繰越商品¥25,000 を用います。

02) @¥50 × 460 個 = ¥23,000（期末商品棚卸高）

03) @¥50 ×（460 個 － 450 個）＝¥500

04)（@¥50 －@¥48）× 450 個＝¥900

05)（¥55,000 ＋¥35,000）×2％－¥1,000 ＝¥800

06) 残高試算表より記帳方法は間接法であることがわかります。

07)（¥30,000 － ¥30,000 × 10%）÷ 6 年 ＝¥4,500

(4)売買目的有価証券の評価替え

例6-4

売買目的有価証券の内訳は、次のとおりである。

銘　柄	原　価	時　価
A社株式	¥　8,000	¥　7,500
B社社債	¥ 10,000	¥ 11,000

（借）売買目的有価証券	500	（貸）有価証券運用損益	500[08]

08)時価合計 ¥18,500
原価合計 ¥18,000
運用益　　 ¥500

(5)消費税の処理

例6-5

当社は、消費税の処理方法として税抜方式によっている。本日、課税計算期間末であるため、消費税の整理を行う。

（借）仮 受 消 費 税	30,000	（貸）仮 払 消 費 税	24,000
		未 払 消 費 税	6,000

(6)費用・収益の見越し・繰延べ

例6-6

保険料のうち、¥3,000 は次期分である。なお、保険料は毎年1年分を前払いしている。

（借）前 払 保 険 料	3,000	（貸）保　　険　　料	3,000

なお、翌期の期首に貸借を逆にした以下の仕訳を行います。

（借）保　　険　　料	3,000	（貸）前 払 保 険 料	3,000

この仕訳により前払保険料がなくなり、翌期の費用になります。

Section 6のまとめ

■決算整理事項　　期中には正しく記入を行ったが、決算にあたって修正が必要な事柄。

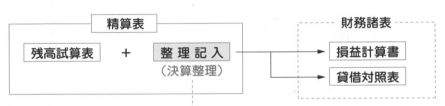

例　売上原価の算定
　　貸倒引当金の設定
　　固定資産の減価償却　　など

Section 7 精算表

重要度 ★★★★★

はじめに

決算をむかえ、会社の経営は順調ですが、どれほどの利益を計上できるか不安です。ところが顧問税理士のK氏には「決算手続を終えるには最低1カ月の時間が必要です」といわれています。自分の会社がいくらの純利益を上げているのかを知りたくて、1カ月も待てないあなたは精算表を作成し、初めての決算のアウトラインを知ることにしました。

1 精算表とは

残高試算表と決算整理事項から、**損益計算書と貸借対照表を作成するプロセスを一覧表の形で示したものを精算表といい**、決算のアウトラインを知るために作成されます。

2 精算表の作成手順

精算表は、帳簿上で決算を行う前に、決算整理前残高試算表の金額を基礎として損益計算書、貸借対照表の金額を概観するために作成される計算表です。これは次の手順で作成します。

(1)整理記入欄において、決算整理仕訳を行います。

(2)各勘定科目の決算整理後の残高を計算し、その金額を簿記の5要素の分類に準じて、それぞれ、損益計算書欄、貸借対照表欄に移記します。

(3)損益計算書欄および貸借対照表欄でそれぞれ当期純利益(当期純損失)を計算し、精算表を締め切ります。

▶注意点

1. 整理記入欄で正しく決算整理仕訳を行うこと。

　このとき、記入する行に注意すること。なお、精算表上の勘定科目は上から、資産、負債、純資産、収益、費用の順で並んでいる。あたりをつけて探すとよい。

2. 決算整理後の各勘定科目の残高を正しくP／L、B／S欄に移記すること。

　(1) 資　産：B／S欄の借方へ

　(2) 負　債：B／S欄の貸方へ

　(3) 純資産：B／S欄の貸方へ

　(4) 収　益：P／L欄の貸方へ

　(5) 費　用：P／L欄の借方へ

※特に経過勘定科目は誤記入しやすいので注意。

前払費用、未収収益……**資産→B／S欄の借方へ**

未払費用、前受収益……**負債→B／S欄の貸方へ**

残高試算表欄
決算を行う直前の元帳の諸勘定の残高を記入する。

❶整理記入欄
決算整理仕訳（減価償却・貸倒れの見積もり等）を記入する。

❷損益計算書欄
収益・費用の各項目を集めて作成される。

❷貸借対照表欄
資産・負債・純資産（資本）の各項目を集めて作成される。

精　算　表

勘 定 科 目	残 高 試 算 表 借 方	貸 方	整 理 記 入 借 方	貸 方	損 益 計 算 書 借 方	貸 方	貸 借 対 照 表 借 方	貸 方
現 金 預 金	96,000						96,000	
受 取 手 形	88,500						88,500	
売 掛 金	103,000						103,000	
貸 倒 引 当 金		1,500		2,100				3,600
売買目的有価証券	42,000			2,000			40,000	
繰 越 商 品	30,000		36,000	30,000			36,000	
建 物	180,000						180,000	
建物減価償却累計額		48,000		5,400				53,400
備 品	50,000						50,000	
備品減価償却累計額		10,750		5,850				16,600
支 払 手 形		61,500						61,500
買 掛 金		105,450						105,450
資 本 金		150,000						150,000
利 益 準 備 金		25,000						25,000
任 意 積 立 金		30,000						30,000
繰越利益剰余金		10,000						10,000
売 上		550,000				550,000		
受 取 利 息		6,000				6,000		
仕 入	300,000		30,000	36,000	294,000			
給 料	97,000				97,000			
保 険 料	7,500			1,500	6,000			
手 形 売 却 損	4,200				4,200			
	998,200	998,200						
貸倒引当金繰入			2,100		2,100			
有価証券運用損益			2,000		2,000			
減 価 償 却 費			11,250		11,250			
前 払 保 険 料			1,500				1,500	
当 期 純 利 益					139,450			139,450
			82,850	82,850	556,000	556,000	595,000	595,000

❸純利益の行
帳簿を締め切る前でも精算表を作成することで、
純利益をあらかじめ知ることができる。
当期純利益の金額が一致しなかったら⇒次ページを確認してください。

▶当期純利益の金額が一致しないときの対応方法

(1) もう一度、下から検算する。

　　※上から計算して合わないときにもう一度上からやっても、同じ所を見落す可能性大です。
　　　下から検算しましょう。

(2) P／L欄とB／S欄の当期純利益の差額を計算し、その金額を精算表上で探す。

　　※記入漏れの可能性を探ります。

(3) 当期純利益の差額÷2を計算して精算表上で探す。

　　※貸借の記入ミスの可能性を探ります。

(4) 当期純利益の差額÷9を計算して精算表上で探す。

　　※ケタミスの可能性を探ります。

(5) 現金預金から1行ずつチェック。

　　※(2)～(4)では2カ所以上の誤りがあると発見できません。
　　　ここで1行ずつチェックします。

(6) 問題文を読み直し、整理記入欄をチェック。

　　※これが最後の手段です。時間がなくなるので、くれぐれも最初にやらないように。

精　算　表

NS株式会社の第×5期(自×5年4月1日　至×6年3月31日)の期末残高は、答案用紙の精算表の残高試算表欄のとおりである。下記の決算整理事項にもとづいて精算表を完成させなさい。

1．売上債権の期末残高に対して、¥3,600の貸倒れを見積もる(差額補充法)。

2．売買目的有価証券の期末時価は、¥40,000であった。

3．商品の期末棚卸高は次のとおりである。
　　なお、売上原価は「仕入」の行で計算し、棚卸減耗費と商品評価損は独立の科目として表示すること。
　　期末帳簿棚卸高：¥36,000
　　棚卸減耗費：¥600
　　商品評価損：¥900

4．固定資産の減価償却を行う。
　　建物：減価償却費 ¥5,400
　　備品：減価償却費 ¥5,850

5．保険料 ¥7,500のうち ¥1,500分は×6年4月以降の分である。

精 算 表

勘 定 科 目	残 高 試 算 表		整 理 記 入		損 益 計 算 書		貸 借 対 照 表	
	借 方	貸 方	借 方	貸 方	借 方	貸 方	借 方	貸 方
現 金 預 金	93,000							
受 取 手 形	88,500							
売 掛 金	103,000							
貸 倒 引 当 金		1,500						
売買目的有価証券	42,000							
繰 越 商 品	30,000							
建 物	180,000							
建物減価償却累計額		48,000						
備 品	50,000							
備品減価償却累計額		10,750						
支 払 手 形		11,500						
買 掛 金		57,250						
資 本 金		150,000						
利 益 準 備 金		25,000						
任 意 積 立 金		30,000						
繰 越 利 益 剰 余 金		108,200						
売 上		550,000						
受 取 利 息		6,000						
仕 入	300,000							
給 料	100,000							
保 険 料	7,500							
手 形 売 却 損	4,200							
	998,200	998,200						
貸倒引当金繰入								
有価証券運用損益								
棚 卸 減 耗 費								
商 品 評 価 損								
減 価 償 却 費								
前 払 保 険 料								
当期 （　　　　）								

解答

精 算 表

勘 定 科 目	残高試算表 借 方	残高試算表 貸 方	整 理 記 入 借 方	整 理 記 入 貸 方	損益計算書 借 方	損益計算書 貸 方	貸借対照表 借 方	貸借対照表 貸 方
現 金 預 金	93,000						93,000	
受 取 手 形	88,500						88,500	
売 掛 金	103,000						103,000	
貸 倒 引 当 金		1,500		2,100				3,600
売買目的有価証券	42,000			2,000			40,000	
繰 越 商 品	30,000		36,000	30,000			34,500	
				600				
				900				
建 物	180,000						180,000	
建物減価償却累計額		48,000		5,400				53,400
備 品	50,000						50,000	
備品減価償却累計額		10,750		5,850				16,600
支 払 手 形		11,500						11,500
買 掛 金		57,250						57,250
資 本 金		150,000						150,000
利 益 準 備 金		25,000						25,000
任 意 積 立 金		30,000						30,000
繰越利益剰余金		108,200						108,200
売 上		550,000				550,000		
受 取 利 息		6,000				6,000		
仕 入	300,000		30,000	36,000	294,000			
給 料	100,000				100,000			
保 険 料	7,500			1,500	6,000			
手 形 売 却 損	4,200				4,200			
	998,200	998,200						
貸倒引当金繰入			2,100		2,100			
有価証券運用損益			2,000		2,000			
棚 卸 減 耗 費			600		600			
商 品 評 価 損			900		900			
減 価 償 却 費			11,250		11,250			
前 払 保 険 料			1,500				1,500	
当 期(純利益)					134,950			134,950
			84,350	84,350	556,000	556,000	590,500	590,500

解説

1．貸倒引当金の設定（差額補充法）

（借）貸倒引当金繰入	2,100	（貸）貸 倒 引 当 金	2,100

2．売買目的有価証券の評価替え

（借）有価証券運用損益	2,000	（貸）売買目的有価証券	2,000

売買目的有価証券：¥40,000 − ¥42,000 ＝ △¥2,000
　　　　　　　　　　　時価　　　　帳簿価額

3．売上原価の算定と期末商品の評価

（借）仕　　　　　　入	30,000	（貸）繰 越 商 品	30,000
（借）繰 越 商 品	36,000	（貸）仕　　　　　　入	36,000
（借）棚 卸 減 耗 費	600	（貸）繰 越 商 品	1,500
商 品 評 価 損	900		

4．減価償却

（借）減 価 償 却 費	11,250[01]	（貸）建物減価償却累計額	5,400
		備品減価償却累計額	5,850

01) ¥5,400 ＋ ¥5,850
　　 ＝ ¥11,250

5．前払保険料の計上

（借）前 払 保 険 料	1,500	（貸）保　　険　　料	1,500

Section 7のまとめ

■精　算　表　残高試算表と決算整理事項から、損益計算書と貸借対照表を作成するプロセ
　　　　　　　スを一覧表の形式で示したもの。

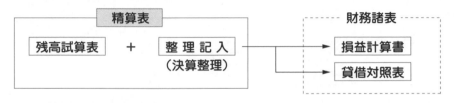

■精算表の作成手順　⑴決算整理仕訳の記入
　　　　　　　　　　⑵決算整理後の残高を計算し、損益計算書欄、貸借対照表欄に移記
　　　　　　　　　　⑶損益計算書欄および貸借対照表欄で、それぞれ当期純利益（当期純損失）を
　　　　　　　　　　　計算

財務諸表

はじめに

あなたは、精算表によって決算のアウトラインを知ることができました。しかし、外部には株主や、あなたへの融資を考えている銀行や、課税をする税務署など、あなたの会社の財政状態や経営成績に関心のある人たちがたくさんいます。しかし、彼らは会社内部の資料を自由に見ることができるわけではありません。そこで、あなたは貸借対照表や損益計算書を作って、会社の内容を彼らに公開することになります。

1 財務諸表とは

　財務諸表とは、決算書ともいわれ、会社の一会計期間における経営活動の成果を**株主等の利害関係者に報告するために作成される書類**をいいます。
　その中で、とくに重要なものが貸借対照表と損益計算書です。

2 貸借対照表とは

　貸借対照表とは、決算日時点の会社の**財政状態**[01]を**報告するための書類**です。その形式には勘定式と報告式がありますが、勘定式が多く用いられています。
　勘定式の貸借対照表は、会社の一定時点における資産を左側に、負債と純資産を右側にして対照表示するものです。

01) 財産の状態をいいます。なにを、いくらもっているのか、ということです。

3 貸借対照表の形式（株式会社を想定）

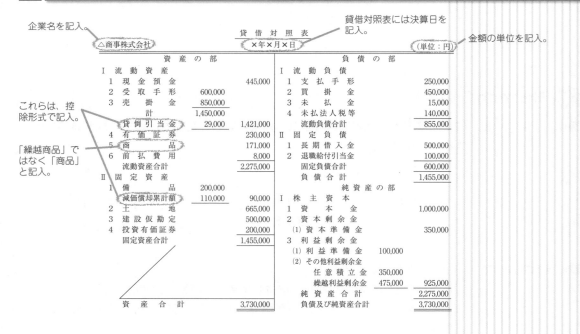

企業名を記入。

これらは、控除形式で記入。

「繰越商品」ではなく「商品」と記入。

貸借対照表には決算日を記入。

金額の単位を記入。

△商事株式会社		貸 借 対 照 表 ×年×月×日				(単位：円)
資 産 の 部				**負 債 の 部**		
Ⅰ 流 動 資 産			Ⅰ 流 動 負 債			
1 現 金 預 金		445,000	1 支 払 手 形			250,000
2 受 取 手 形	600,000		2 買 掛 金			450,000
3 売 掛 金	850,000		3 未 払 金			15,000
計	1,450,000		4 未 払 法 人 税 等			140,000
貸 倒 引 当 金	29,000	1,421,000	流動負債合計			855,000
4 有 価 証 券		230,000	Ⅱ 固 定 負 債			
5 商 品		171,000	1 長 期 借 入 金			500,000
6 前 払 費 用		8,000	2 退 職 給 付 引 当 金			100,000
流動資産合計		2,275,000	固定負債合計			600,000
Ⅱ 固 定 資 産			負 債 合 計			1,455,000
1 備 品	200,000		**純 資 産 の 部**			
減 価 償 却 累 計 額	110,000	90,000	Ⅰ 株 主 資 本			
2 土 地		665,000	1 資 本 金			1,000,000
3 建 設 仮 勘 定		500,000	2 資 本 剰 余 金			
4 投 資 有 価 証 券		200,000	(1) 資 本 準 備 金			350,000
固定資産合計		1,455,000	3 利 益 剰 余 金			
			(1) 利 益 準 備 金		100,000	
			(2) その他利益剰余金			
			任 意 積 立 金		350,000	
			繰越利益剰余金		475,000	925,000
			純 資 産 合 計			2,275,000
資 産 合 計		3,730,000	負債及び純資産合計			3,730,000

4 貸借対照表の表示区分 ⁰²⁾

(1)資産の部

　資産の部は、流動資産と固定資産に区分して表示します。各区分に該当する科目の例は、以下のとおりです。

　　流動資産：現金預金、受取手形、電子記録債権、売掛金、クレジット売
　　　　　　　掛金、有価証券、短期貸付金、商品、消耗品、未収収益など
　　固定資産：建物、備品、土地、特許権、のれん、投資有価証券、長期貸
　　　　　　　付金、投資不動産など

02)順番まで覚える必要はとくにありません。どこにどんなものが入るのかを理解しておきましょう。

(2)負債の部

　負債の部は、流動負債と固定負債に区分して表示します。各区分に該当する科目の例は、以下のとおりです。

　　　流動負債：支払手形、電子記録債務、買掛金、短期借入金、未払金、
　　　　　　　　未払法人税等、前受収益など
　　　固定負債：社債、長期借入金、退職給付引当金など

一部、1級、上級で学ぶ科目も表示しています。
なお、繰延資産は1級で学習します。

(3)流動と固定の分類方法 ⁰³⁾

　資産と負債は、それぞれ流動資産・固定資産と流動負債・固定負債に分類されて表示されますが、この分類には、①正常営業循環基準による分類と、②1年基準による分類があります。

03)分類基準を知っておけば、丸暗記をせずに済み、迷ったときにも考えることができます。

①正常営業循環基準による分類 ⁰⁴⁾

　会社の主要な営業活動 ⁰⁵⁾ によって生じる資産・負債を流動資産・流動負債とする考え方で、正常営業循環基準といいます。

②1年基準による分類 ⁰⁴⁾

　決算日の翌日から1年以内に回収または決済されるものを流動資産・流動負債とする考え方で、1年基準といいます。

04)詳細については1級、上級で学びます。

05)商品売買業であれば「商品を売買すること」が"主要な営業活動"になります。ちなみに、例えば銀行であれば「お金を貸すこと」が"主要な営業活動"の1つなので、それによって発生した貸付金はすべて流動資産になります。

(4)純資産の部

　純資産の部については、Chapter 7を参照してください。

損益計算書とは

損益計算書とは会社の一会計期間における経営成績[06]を報告するための書類で、報告式が多く用いられます。

報告式の損益計算書は、収益、費用の項目を同じような性格をもつグループ（区分）に分類し、それを順次対応させることにより、**売上総利益、営業利益、経常利益**など性格の異なる利益を計算[07]、表示するところに大きな特徴があります。

06）いくら儲かったかということです。

07）最終的には当期純利益へと行きつきます。

6 損益計算書の形式

2級では、勘定式・区分損益計算書が出題されます。ただ、一般的な損益計算書は報告式により表示されますし、1級では報告式による作成等が求められるので、ここで報告式による損益計算書も見ておきましょう。

勘定式による2区分損益計算書を例示します。

勘定式・2区分損益計算書では、売上総利益と当期純利益の2つの利益を表示します。

一部、1級、上級の科目も含まれています。

損 益 計 算 書

△商事株式会社　　　　自○年○月○日　至×年×月×日　　　　（単位：円）

費　用	金　額	収　益	金　額
期 首 商 品 棚 卸 高	160,000	売　上　高	2,932,000
当 期 商 品 仕 入 高	2,400,000	期 末 商 品 棚 卸 高	180,000
売 上 総 利 益	552,000		
	3,112,000		3,112,000
給　料	80,000	売 上 総 利 益	552,000
減 価 償 却 費	32,000	受 取 利 息 配 当 金	3,200
貸 倒 引 当 金 繰 入	20,000	有 価 証 券 利 息	800
広　告　費	42,000	仕 入 割 引	1,500
退 職 給 付 費 用	8,000	受 取 地 代	5,000
保　険　料	9,000	固 定 資 産 売 却 益	32,000
手 形 売 却 損	600		
社 債 利 息	5,400		
有 価 証 券 運 用 損	3,500		
火 災 損 失	30,000		
社 債 償 還 損	5,000		
法 人 税 等	107,700		
当 期 純 利 益	251,300		
	594,500		594,500

報告式による損益計算書を例示します。

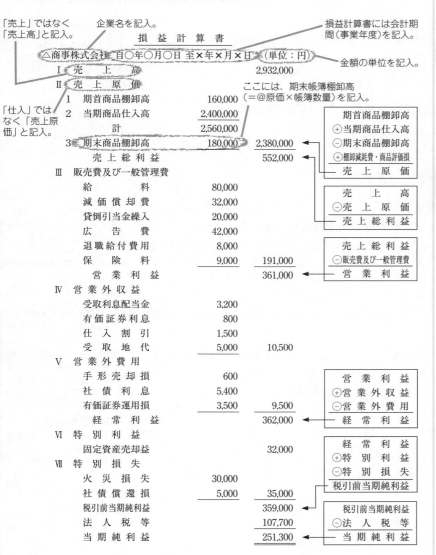

「売上」ではなく「売上高」と記入。
企業名を記入。
損益計算書には会計期間（事業年度）を記入。
金額の単位を記入。

損 益 計 算 書

△商事株式会社　自○年○月○日　至×年×月×日　（単位：円）

Ⅰ　売　上　高　　　　　　　　　　　　　　2,932,000

Ⅱ　売　上　原　価

ここには、期末帳簿棚卸高（＝@原価×帳簿数量）を記入。

1	期首商品棚卸高	160,000
2	当期商品仕入高	2,400,000
	計	2,560,000
3	期末商品棚卸高	180,000　2,380,000

「仕入」ではなく「売上原価」と記入。

売　上　総　利　益　　　　　　552,000

Ⅲ　販売費及び一般管理費

給　　　料	80,000
減 価 償 却 費	32,000
貸倒引当金繰入	20,000
広　告　費	42,000
退職給付費用	8,000
保　険　料	9,000　191,000

営　業　利　益　　　　　　361,000

Ⅳ　営　業　外　収　益

受取利息配当金	3,200
有 価 証 券 利 息	800
仕 入 割 引	1,500
受 取 地 代	5,000　10,500

Ⅴ　営　業　外　費　用

手 形 売 却 損	600
社 債 利 息	5,400
有価証券運用損	3,500　9,500

経　常　利　益　　　　　　362,000

Ⅵ　特　別　利　益

固定資産売却益　　　　　　　　32,000

Ⅶ　特　別　損　失

火 災 損 失	30,000
社 債 償 還 損	5,000　35,000

税引前当期純利益	359,000
法 人 税 等	107,700
当 期 純 利 益	251,300

期首商品棚卸高
＋当期商品仕入高
－期末商品棚卸高
＋棚卸減耗費・商品評価損
売　上　原　価

売　　上　　高
－売　上　原　価
売　上　総　利　益

売　上　総　利　益
－販売費及び一般管理費
営　業　利　益

営　業　利　益
＋営　業　外　収　益
－営　業　外　費　用
経　常　利　益

経　常　利　益
＋特　別　利　益
－特　別　損　失
税引前当期純利益

税引前当期純利益
－法　人　税　等
当　期　純　利　益

一部、1級、上級の科目も含まれています。

棚卸減耗費は販売費及び一般管理費に表示することもあります。試験では問題の指示に従ってください。

(1)損益計算書の表示区分

損益計算書に表示される収益と費用も、貸借対照表のように区分して表示します。

損益計算書も表示区分の内容を覚えておけば、なにがどこに入るかを丸暗記する必要がなく、迷ったときの判断もできるようになります。

①売上高

企業の主な営業活動（商品売買業であれば販売活動）によって獲得した収益（売上）が該当します。

一部、1級、上級で学ぶ科目も表示しています。

②売上原価

売上高に対応する商品の原価が該当します。

③販売費及び一般管理費

企業が行う営業活動に関係して発生する費用[08]が該当します。

例）給料、貸倒引当金繰入、減価償却費、広告費、保険料、租税公課、研究開発費など

08）これなしでは営業活動ができなくなるような費用といえます。

④営業外収益・営業外費用

企業が行う営業活動に直接は関係しないが、経常的[09]に発生する収益と費用が該当します。

例）営業外収益：受取利息[10]、受取配当金、有価証券運用益、仕入割引、償却債権取立益[11]など

営業外費用：支払利息[10]、手形売却損など

⑤特別利益・特別損失

臨時に発生する収益と費用が該当します。

例）特別利益：固定資産売却益など

特別損失：固定資産売却損、火災損失、固定資産廃棄損など

09）「経常的」は、「日常的」と置き換えることもできます。

10）営業外収益や営業外費用は、利息などの資金調達や運用によるものとイメージしておきましょう。

11）通常は営業外収益としますが、試験では問題の指示に従ってください。

(2)利益の種類

報告式の損益計算書では、売上高をスタートとして段階的に異なる意味をもつ利益が計算されます。

①売上総利益

売上高と売上原価との差額で、商品売買益に相当する利益です。商品売買業では商品力を示します。

②営業利益

売上総利益から販売費及び一般管理費を差し引いて計算される利益です。企業が行う営業活動のみで、どれくらいの利益を獲得できるのかを示します。

③経常利益

営業利益に営業外収益を加算し、営業外費用を差し引いて計算される利益です。企業が経常的にどれくらいの利益を獲得できるかを示します。

④税引前当期純利益

経常利益に特別利益を加算し、特別損失を差し引いて計算される利益です。一会計期間で発生したすべての収益と費用との差額として計算される利益です。

⑤当期純利益

税引前当期純利益から法人税、住民税および事業税を差し引いて残った利益が、最終的な当期純利益となります。この当期純利益は、株主へ支払う配当金などを決定するにあたり重要な金額となります。

> 安く仕入れても高く売れるような商品は、それだけその商品に魅力（＝商品力）があるといえます。このような商品を多く扱う会社ほど、売上総利益の金額も大きくなります。

各種金額の算定

次の資料によって、**期末買掛金、期末純資産（資本）、売上総利益および当期純利益**の金額を求めなさい。

1. 資産・負債 （期首） （期末）

	（期首）	（期末）
現金・預金	¥ 150	¥ 250
売 掛 金	200	350
商 品	250	350
買 掛 金	200	X

2. 期間中の商品売買取引

  (1) 当 期 総 仕 入 高 ¥ 800

  (2) 当 期 仕 入 返 品 高 ¥ 100

  (3) 当 期 総 売 上 高 ¥ 1,100

  (4) 当 期 売 上 返 品 高 ¥ 200

3. 純売上高を除く期間中の収益総額 ¥ 100

4. 売上原価を除く期間中の費用総額 ¥ 150

期 末 買 掛 金	期末純資産（資本）	売 上 総 利 益	当 期 純 利 益
¥	¥	¥	¥

解答

期 末 買 掛 金	期末純資産（資本）	売 上 総 利 益	当 期 純 利 益
¥ *300*	¥ *650*	¥ *300*	¥ *250*

解説

    貸借対照表と損益計算書の関係を理解しているかがポイントとなります。期首貸借対照表の財政状態から事業をスタートして、損益計算書に表される経営成績を収めた結果、期末貸借対照表の財政状態となります。

    問題を解くさいは、この流れに沿ってまず期首貸借対照表を作成してみましょう。期首純資産（資本）は、資料からわかる資産・負債を埋めた後、貸借差額で求めます。

期首貸借対照表 （単位：円）

現 金 ・ 預 金	150	買 掛 金	200
売 掛 金	200	期首純資産（資本）	400
商 品	250		
	600		600

期首純資産（資本）：借方合計¥600 − 買掛金¥200 ＝ ¥400

次に、損益計算書を作成します。当期商品仕入高に期首商品を足して、期末商品を差し引いた金額が売上原価です。さらに、当期売上高と売上原価の差額が売上総利益です。

損益計算書 （単位：円）

期　首　商　品	250	当　期　売　上　高	900
当 期 商 品 仕 入 高	700	期　末　商　品	350
売　上　総　利　益	300		
	1,250		1,250
売 上 原 価 を 除 く 期 間 中 の 費 用 総 額	150	売　上　総　利　益	300
当　期　純　利　益	250	純 売 上 高 を 除 く 期 間 中 の 収 益 総 額	100
	400		400

当 期 売 上 高：当期総売上高 ¥1,100 − 当期売上返品高 ¥200 = ¥900

当期商品仕入高：当期総仕入高 ¥800 − 当期仕入返品高 ¥100 = ¥700

最後に、期末貸借対照表を作成します。期末純資産(資本)は、期首純資産(資本)に当期純利益を加えて求めます。なお、期末買掛金Xは、期末純資産(資本)を計算した後、貸借差額で求めます。

期末貸借対照表 （単位：円）

現　金・預　金	250	買　　掛　　金	X
売　　掛　　金	350	期末純資産(資本)	650
商　　　　　品	350		
	950		950

期末純資産(資本)：期首純資産(資本) ¥400 + 当期純利益 ¥250 = ¥650

期 末 買 掛 金 X：借方合計 ¥950 − 期末純資産(資本) ¥650 = ¥300

財務諸表の作成

次の決算整理後残高試算表より、(1)貸借対照表（勘定式）および(2)損益計算書（勘定式・2区分）を作成しなさい。

決算整理後残高試算表 （単位：円）

現 金 預 金	660,000	支 払 手 形	65,000
受 取 手 形	82,500	買 掛 金	107,500
売 掛 金	232,500	貸 倒 引 当 金	7,500
繰 越 商 品	50,000	減価償却累計額	405,000
前 払 家 賃	1,500	長 期 借 入 金	375,000
未 収 利 息	2,500	資 本 金	1,250,000
短 期 貸 付 金	415,000	資 本 準 備 金	150,000
建 物	1,500,000	利 益 準 備 金	105,000
仕 入	542,500	任 意 積 立 金	200,000
貸倒引当金繰入	7,500	繰越利益剰余金	174,300
減 価 償 却 費	45,000	売 上	892,500
支 払 家 賃	158,500	受 取 利 息	39,800
支 払 利 息	78,000	固 定 資 産 売 却 益	3,900
	3,775,500		3,775,500

（注１）売上原価の内訳は次のとおりである。　（注２）法人税等は考慮しなくてよい。

期首商品棚卸高：¥　49,000
当期商品仕入高：¥　543,500
期末商品棚卸高：¥　50,000

(1)貸借対照表

貸 借 対 照 表 （単位：円）

資産の部			負債の部		
Ⅰ 流動資産			Ⅰ 流動負債		
(　　　　)		(　　　　)	(　　　　　)		(　　　　)
(　　　)	(　　　)		(　　　　　)		(　　　　)
(　　　)	(＿＿＿)		流動負債合計		(　　　　)
計	(　　　)		Ⅱ 固定負債		
(　　　)	(　　)	(　　　)	長 期 借 入 金		(　　　　)
(　　　)		(　　　)	固定負債合計		(　　　　)
(　　　)		(　　　)	負債合計		(　　　　)
(　　　)		(　　　)	純資産の部		
(　　　)		(　　　)	Ⅰ 株主資本		
流動資産合計	(　　　)		1　資本金		(　　　)
Ⅱ 固定資産			2　資本剰余金		
(　　　)	(　　)		(1)　(　　　)		(　　　)
(　　　)	(　　)	(　　　)	3　利益剰余金		
固定資産合計	(　　　)		(1)　(　　　)	(　　)	
			(2)　その他利益剰余金		
			(　　　)	(　　)	
			(　　　)	(　　)	(　　　)
			純資産合計		(　　　)
資 産 合 計	(　　　)		負債及び純資産合計		(　　　)

⑵勘定式・２区分損益計算書

損 益 計 算 書　　　　　（単位：円）

費　　　　用	金　額	収　　　　益	金　額
期 首 商 品 棚 卸 高		売　　上　　高	
当 期 商 品 仕 入 高		期 末 商 品 棚 卸 高	
売 上 総 利 益			
貸 倒 引 当 金 繰 入		売 上 総 利 益	
減 価 償 却 費		受 取 利 息	
支 払 家 賃		固 定 資 産 売 却 益	
支 払 利 息			
当 期 純 利 益			

⑴貸借対照表

貸 借 対 照 表　　　　　（単位：円）

資産の部			負債の部		
I 流動資産			I 流動負債		
（現 金 預 金）		（ 660,000）	（ 支 払 手 形 ）		（ 65,000）
（受 取 手 形）（ 82,500）			（ 買 掛 金 ）		（ 107,500）
（売 掛 金）（ 232,500）			流動負債合計		（ 172,500）
計（ 315,000）			II 固定負債		
（貸倒引当金）（ 7,500）	（ 307,500）		長期借入金		（ 375,000）
（商 品）	（ 50,000）		固定負債合計		（ 375,000）
（前 払 費 用）	（ 1,500）		負債合計		（ 547,500）
（未 収 収 益）	（ 2,500）			純資産の部	
（短 期 貸 付 金）	（ 415,000）		I 株主資本		
流動資産合計	（ 1,436,500）		1　資本金		（ 1,250,000）
II 固定資産			2　資本剰余金		
（建 物）（ 1,500,000）			⑴　（資本準備金）		（ 150,000）
（減価償却累計額）（ 405,000）	（ 1,095,000）		3　利益剰余金		
固定資産合計	（ 1,095,000）		⑴　（利益準備金）（ 105,000）		
			⑵　その他利益剰余金		
			（任意積立金）（ 200,000）		
			（繰越利益剰余金）（ 279,000[12]）	（ 584,000）	
資 産 合 計	（ 2,531,500）		純資産合計		（ 1,984,000）
			負債及び純資産合計		（ 2,531,500）

12)繰越利益剰余金：
　　￥174,300＋￥104,700
　　　残高　　　当期純利益
　　＝￥279,000
　　または貸借差額

(2)勘定式・２区分損益計算書

損　益　計　算　書　　　　　（単位：円）

費　　　　　用	金　　額	収　　　　　益	金　　額
期 首 商 品 棚 卸 高	49,000	売　　　上　　　高	892,500
当 期 商 品 仕 入 高	543,500[13]	期 末 商 品 棚 卸 高	50,000
売 　上 　総 　利 　益	350,000		
	942,500		942,500
貸 倒 引 当 金 繰 入	7,500	売 　上 　総 　利 　益	350,000
減 価 償 却 費	45,000	受 　取 　利 　息	39,800
支 　払 　家 　賃	158,500	固 定 資 産 売 却 益	3,900
支 　払 　利 　息	78,000		
当 期 純 利 益	104,700		
	393,700		393,700

> 13)決算整理後残高試算表における仕入勘定の金額は、期首商品・期末商品
> を振り替えた後の金額、すなわち売上原価の金額です。そのため、当期商
> 品仕入高を求めるためには、以下のように売上原価の計算式に資料から
> わかっている数値を代入します。
>
> 期首商品棚卸高￥49,000 ＋当期商品仕入高－期末商品棚卸高￥50,000
> ＝売上原価￥542,500
>
> よって、当期商品仕入高＝￥543,500

Section 8のまとめ

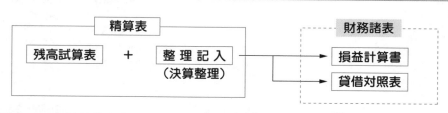

・貸借対照表とは、決算日時点の会社の財政状態を報告するための書類です。

・損益計算書とは、会社の一会計期間における経営成績を報告するための書類です。

Chapter 9

本支店会計

ココがPOINT!!

会社が大きくなると

　会社の規模が大きくなると、支店を開設することがあります。せっかく支店を開設したのなら、支店の取引を本店で全部吸い上げて処理するのではなく、支店にも帳簿を設けて担当者を置き、別に経理を行うと、支店独自の業績の把握が可能となります。一方、支店側も「これだけ頑張った」と評価してもらうことができるので、モチベーションが上がりますね。このように、本店と支店の会計を別個に行う場合について考えます。

Section 1 本支店会計

重要度 ★★★★☆

はじめに

神戸支店の支店長のM氏より「我が社の調度品をモデルルームに備え付ける等の独自の戦略で活動したい」との申入れがありました。本店としては基本的に賛成なのですが、本店で集中経理する今の状況では、神戸支店の損益が明確にならないのが気になります。そこで経営コンサルタントのN氏に相談したところ、「本店とは別に支店にも帳簿を設けて本支店会計を行うといいですよ。支店独自の業績がわかるので、神戸支店に責任感も生まれますし…」とのことでした。そこで、本支店会計の採用について検討することにしました。

1 本支店会計の意義

支店を開設した場合、すべての会計処理を本店で行うよりも、それぞれの支店に帳簿(仕訳帳、総勘定元帳)を設け、それぞれの支店に会計処理を分担させるほうがより効果的であるといえます。支店が帳簿を持つことにより、支店は独自の経営成績を把握できるようになり、支店ごとの財産管理が可能となるからです。

このように、**支店が独自の帳簿を持ち、独立して会計処理を行う本支店会計の制度を**支店独立会計制度[01]といいます。

> 01)これに対して本店のみが帳簿を持ち、支店におけるすべての取引を本店で処理する制度を本店集中会計制度といいます。

② 本支店間の取引

(1)本店勘定と支店勘定

　支店が独自の帳簿を設けて独立して会計処理を行うようになると、本店と支店との間で発生する取引をどのように処理するかが問題となります。これは、支店勘定(本店の帳簿に設置)および本店勘定(支店の帳簿に設置)を用いて処理します。

　この支店勘定と本店勘定は本店と支店を結びつける、いわばその窓口となる勘定であり、本支店間の取引は、常にこの勘定を用いて処理されます。したがって、**支店勘定と本店勘定の残高は貸借逆で必ず一致する**ことになります[02]。

02)このような性質をもつ勘定を照合勘定といいます。

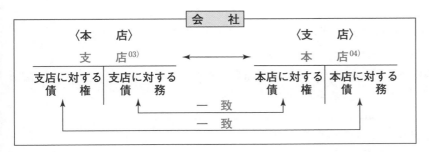

03)支店勘定は支店に対する投資額を意味しますから、資産の勘定としての性格をもちます。したがって、借方残高となります。

04)本店勘定は本店からの出資額を意味しますから、資本としての性格をもちます。したがって、貸方残高となります。

(2)支店の開設

例1-1

神戸に支店を開設し、これまで本店の帳簿に記帳していた本店の現金
¥30,000、建物 ¥100,000、売掛金 ¥10,000 を支店の帳簿に移し、支店はこれを記帳した。

本店：本店は支店との取引を**支店勘定**で処理します。この場合、現金や建物等の減少に伴い支店勘定を増加させます(**支店勘定は借方残高**)。

支店：支店は本店との取引を**本店勘定**で処理します。この場合、現金や建物等の増加に伴い本店勘定を増加させます(**本店勘定は貸方残高**)。

本店：(借)支	店	140,000	(貸)現	金	30,000
			建	物	100,000
			売　掛　金		10,000
支店：(借)現	金	30,000	(貸)本	店	140,000
建	物	100,000			
売　掛　金		10,000			

(3)本支店間の立替取引

例1-2

東京本店は神戸支店の広告費￥15,000 を現金で支払い、神戸支店はこの連絡を受けた。

本店：支店の広告費を立替払いしたので、本店は現金を減少させるとともに、支店勘定を増加させます[05]。

支店：広告費を計上するとともに、本店勘定を増加させます[06]。

本店：（借）支	店	15,000	（貸）現	金	15,000
支店：（借）広 告 費		15,000	（貸）本	店	15,000

05)この取引により、支店という資産が￥15,000 増えたとも考えられます。

06)この取引により、本店より追加の投資を受けたとも考えられます。

(4)本店から支店への商品の送付

商品の仕入等の取引については、本店において一括して大量に仕入れたほうが単価が安くなり、営業上有利なことが多くあります。

そこで、本支店会計においても、**本店が一括して商品を仕入れ、それを支店に送付する**という場合の処理を考える必要があります。

例1-3

本店は支店に対し、原価 ￥100,000 の商品を送付した。

本店：本店で仕入れた商品を支店に送付するので、仕入の減少と考えて処理します。

支店：支店では本店からの商品送付を、外部からの仕入と同様に仕入勘定で処理します。

本店：（借）支	店	100,000	（貸）仕	入	100,000
支店：（借）仕	入	100,000	（貸）本	店	100,000

Try it 例題 　　本支店間の取引

次の取引について本店および支店の両者の立場からの仕訳を示しなさい。

(1) 本店は支店に現金 ¥24,000 を送り、支店はこれを受け取った。

(2) 支店は本店の買掛金 ¥56,000 を小切手を振り出して支払い、本店はこの連絡を受けた。

(3) 本店は支店に商品 ¥8,000を送付した。

解答

(1)	本店：（借）支		店	24,000	（貸）現		金	24,000
	支店：（借）現		金	24,000	（貸）本		店	24,000
(2)	本店：（借）買	掛	金	56,000	（貸）支		店	56,000
	支店：（借）本		店	56,000	（貸）当 座 預		金	56,000
(3)	本店：（借）支		店	8,000	（貸）仕		入	8,000
	支店：（借）仕		入	8,000	（貸）本		店	8,000

Section 1のまとめ

■本支店間の取引　支店勘定と本店勘定は本店と支店を結びつける、いわばその窓口となる勘定であり、本支店間の取引は常にこの勘定を用いて処理されます。したがって、支店勘定と本店勘定の残高は貸借逆で一致することになります。

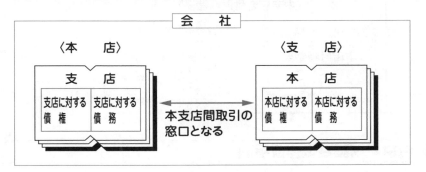

本店と支店との間で行われた取引について、本店は支店勘定、支店は本店勘定を用いて処理します。

■本支店間の立替取引　本店は支店の広告費 ¥5,000 を現金で支払い、支店はこの連絡を受けた。
　　　　　　　　部分だけで仕訳すると次のようになります。

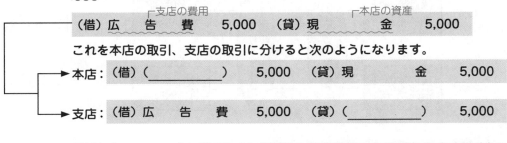

最後に（＿＿＿＿＿＿）に相手先(本店側なら支店勘定、支店側なら本店勘定)を記入して本支店間の立替取引の仕訳が完成します。

Section 2　合併財務諸表の作成

重要度
★★☆☆☆

はじめに

神戸支店に支店独立会計制度を採用して1年が経ち、決算になりました。本店では、本店自体の決算整理を行うとともに、神戸支店の決算整理後残高試算表を取り寄せ、会社全体の合併財務諸表を作成しなければなりません。
合併財務諸表を作成するときには、支店勘定と本店勘定はどうすればいいのでしょうか？

1　合併財務諸表とは

　支店に独立会計制度を採用しているといっても、単に会社内部の会計制度であって、会社は、本店、支店を一体として存在しています。したがって、**会社は会社全体としての財務諸表を作成し、公表することになります**。これを本支店合併財務諸表といい、この財務諸表には本店勘定、支店勘定といった科目は記載されません[01]。

01）本店と支店を一体として考えると、支店勘定と本店勘定は、単なる会社内部での資産の移動と考えることができます。そこで、支店勘定と本店勘定を相殺するのです。

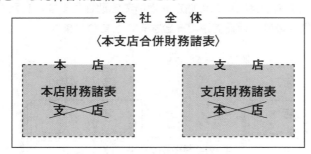

2　合併財務諸表の作成手順

　合併財務諸表は、次の手順で作成されます。
　合併財務諸表の作成では、(1)**決算整理**、(2)**支店勘定と本店勘定の相殺**、に注意してください。

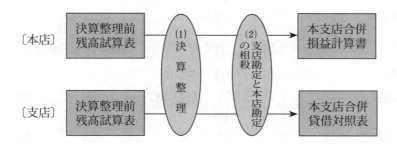

(1)決算整理

　売上原価の算定、貸倒引当金の設定[02]、減価償却、有価証券の評価、経過勘定の処理等、通常の決算整理と同じ処理を行います。

　ただし、本店や支店ごとに算定しなければならないことがあるので注意してください。

02)未処理事項に売掛金に関する処理があると、貸倒引当金の設定額に影響するので注意しましょう。

(2)支店勘定と本店勘定の相殺

　本店と支店を一体として考えると、本店・支店間の内部取引により生じた支店勘定と本店勘定は、単なる会社内部での資産の移動と考えることができます。したがって合併財務諸表を作成するときには、支店勘定と本店勘定を相殺し消去します[03]。

03)本店と支店の両方の処理が正しく終わっていれば、支店勘定と本店勘定の残高は貸借逆で一致します。

（借）本　　店　200,000　（貸）支　　店　200,000

3　精算表の作成

　本支店の合併財務諸表を作成するさいに、精算表を作成して、計算を行う場合があります。

例2-1

以下の資料にもとづいて、精算表を作成する。なお、売上原価の算定は売上原価の行で行うものとする。

〔資　料〕
・期末商品棚卸高：本店 ¥5,000　支店 ¥4,000
・売掛金残高に対して、差額補充法により2%の貸倒引当金を計上する。
・備品の減価償却費：本店 ¥3,500　支店 ¥1,500

(1)決算整理

〔本店の処理〕〈決算整理〉〔支店の処理〕

❶（借）売上原価 4,000（貸）繰越商品 4,000　❶ ——

❷（借）売上原価 150,000（貸）仕入 150,000　❷（借）売上原価 65,000（貸）仕入 65,000

❸（借）繰越商品 5,000（貸）売上原価 5,000　❸（借）繰越商品 4,000（貸）売上原価 4,000

❹（借）貸倒引当金繰入 200（貸）貸倒引当金 200　❹（借）貸倒引当金繰入 100（貸）貸倒引当金 100

　¥20,000 × 2% − ¥200 = ¥200　　　　¥10,000 × 2% − ¥100 = ¥100

❺（借）減価償却費 3,500（貸）減価償却累計額 3,500　❺（借）減価償却費 1,500（貸）減価償却累計額 1,500

〈支店勘定と本店勘定の相殺〉

★（借）本　　店 50,000（貸）支　　店 50,000

本店と支店の数値を合算して仕訳を行っても問題ありません。

(2) **精算表の作成**：精算表を作成すると、次のようになります。

精　算　表

勘定科目	本店試算表 借方	貸方	支店試算表 借方	貸方	整理記入 借方	貸方	損益計算書 借方	貸方	貸借対照表 借方	貸方
現　　　金	89,000		40,000						129,000	
売　掛　金	20,000		10,000						30,000	
貸倒引当金		200		100		❹ 300				600
繰越商品	4,000		0		❸ 9,000	❶ 4,000			9,000	
支　　　店	50,000		——			★50,000				
備　　　品	22,000		10,000						32,000	
減価償却累計額		4,500		2,500		❺ 5,000				12,000
買　掛　金		20,300		8,400						28,700
本　　　店		——		50,000	★50,000					
資　本　金		100,000		——						100,000
繰越利益剰余金		20,000		——						20,000
売　　　上		225,000		80,000				305,000		
仕　　　入	150,000		65,000			❷215,000				
給　　　料	20,000		10,000				30,000			
支払家賃	10,000		4,000				14,000			
雑　　　費	5,000		2,000				7,000			
	370,000	370,000	141,000	141,000						
売上原価					❶ 4,000 ❷215,000	❸ 9,000	210,000			
貸倒引当金繰入					❹ 300		300			
減価償却費					❺ 5,000		5,000			
当期純利益							38,700			38,700
					283,300	283,300	305,000	305,000	200,000	200,000

★本店勘定と支店勘定の処理が、精算表上で行われ、損益計算書や貸借対照表が作成されている点を確認しておきましょう。

(3)合併財務諸表の作成

(2)で作成した精算表から合併貸借対照表や合併損益計算書(勘定式・2区分損益計算書)を作成すると、次のようになります。

貸 借 対 照 表

全経商事株式会社　　　　　　　　×年×月×日　　　　　　　　（単位：円）

資　産	金　額	負債および純資産	金　額
現　　　　金	129,000	買　掛　金	28,700
売　掛　金　(30,000)		資　本　金	100,000
貸倒引当金（　600）	29,400	繰越利益剰余金	58,700
商　　　　品	9,000		
備　　　品　(32,000)			
減価償却累計額（12,000）	20,000		
	187,400		187,400

損 益 計 算 書

全経商事株式会社　　　　○年○月○日〜×年×月×日　　　　（単位：円）

費　用	金　額	収　益	金　額
期首商品棚卸高	4,000	売　上　高	305,000
当期商品仕入高	215,000	期末商品棚卸高	9,000
売上総利益	95,000		
	314,000		314,000
給　　　料	30,000	売上総利益	95,000
減価償却費	5,000		
貸倒引当金繰入	300		
支払家賃	14,000		
雑　　　費	7,000		
当期純利益	38,700		
	95,000		95,000

⑴決算整理

基本的には本店と支店、別々に行うものですが、本店と支店の数値を合算して仕訳を行っても解答することができます（例外あり）。

⑵支店勘定と本店勘定の相殺

本店の処理と支店の処理の両方がそれぞれ正しく終わっていれば、支店勘定と本店勘定の残高は貸借逆で一致します。支店勘定と本店勘定を相殺するときは、両者の残高が一致していることを確認しましょう。

Try it 例題

精算表の作成

埼玉商事株式会社（会計期間は4月1日から翌年3月31日までの1年間）の以下の決算整理事項ならびに答案用紙の精算表の各試算表欄をもとに、精算表を作成しなさい。なお、売上原価の算定は仕入の行で行うものとする。

決算整理事項

① 期末商品棚卸高　　本店　　¥32,500　　　　支店　　¥21,000

② 売掛金の期末残高について3％の貸倒れを見積もる。差額補充法で処理する。

③ 備品について、本支店とも定額法により減価償却を行う。
　　　残存価額　取得原価の10%　　耐用年数　5年

④ 保険料の前払高　　本店　　¥ 3,000　　　　支店　　¥ 1,500

⑤ 家 賃 の 未 払 高　　本店　　¥ 6,000　　　　支店　　¥ 4,000

⑥ 手数料の未収高　　本店　　¥ 700　　　　支店　　¥ 400

精 算 表

（単位：円）

勘 定 科 目	本店試算表 借方	本店試算表 貸方	支店試算表 借方	支店試算表 貸方	整理記入 借方	整理記入 貸方	損益計算書 借方	損益計算書 貸方	貸借対照表 借方	貸借対照表 貸方
現　　　　　金	302,000		51,200							
売　　掛　　金	115,300		84,700							
貸 倒 引 当 金		3,000		1,000						
繰 越 商 品	37,500		21,500							
支　　　　　店	109,300		—							
備　　　　　品	50,000		30,000							
備品減価償却累計額		18,000		10,800						
支 払 手 形		67,200		24,600						
買　　掛　　金		98,700		33,400						
借　　入　　金		50,000		10,000						
本　　　　　店		—		109,300						
資　　本　　金		200,000								
繰越利益剰余金		100,000								
売　　　　　上		438,000		313,800						
受 取 手 数 料		2,200		1,200						
仕　　　　　入	272,500		265,200							
給　　　　　料	40,000		20,000							
支 払 家 賃	22,500		12,500							
保　　険　　料	12,000		9,000							
広　　告　　費	16,000		10,000							
	977,100	977,100	504,100	504,100						
貸倒引当金繰入										
減 価 償 却 費										
前 払 保 険 料										
未 払 家 賃										
未 収 手 数 料										
当 期 純 利 益										

精　算　表　(単位：円)

勘 定 科 目	本店試算表 借方	本店試算表 貸方	支店試算表 借方	支店試算表 貸方	整理記入 借方	整理記入 貸方	損益計算書 借方	損益計算書 貸方	貸借対照表 借方	貸借対照表 貸方
現　　　　金	302,000		51,200						353,200	
売　掛　金	115,300		84,700						200,000	
貸倒引当金		3,000		1,000		2,000				6,000
繰越商品	37,500		21,500		53,500	59,000			53,500	
支　　　店	109,300		―			109,300				
備　　　品	50,000		30,000						80,000	
備品減価償却累計額		18,000		10,800		14,400				43,200
支　払　手　形		67,200		24,600						91,800
買　掛　金		98,700		33,400						132,100
借　入　金		50,000		10,000						60,000
本　　　店		―		109,300	109,300					
資　本　金		200,000								200,000
繰越利益剰余金		100,000								100,000
売　　　上		438,000		313,800				751,800		
受取手数料		2,200		1,200		1,100		4,500		
仕　　　入	272,500		265,200		59,000	53,500	543,200			
給　　　料	40,000		20,000				60,000			
支　払　家　賃	22,500		12,500		10,000		45,000			
保　険　料	12,000		9,000			4,500	16,500			
広　告　費	16,000		10,000				26,000			
	977,100	977,100	504,100	504,100						
貸倒引当金繰入					2,000		2,000			
減価償却費					14,400		14,400			
前払保険料					4,500				4,500	
未　払　家　賃						10,000				10,000
未収手数料					1,100				1,100	
当期純利益							49,200			49,200
					253,800	253,800	756,300	756,300	692,300	692,300

解説

　　本店と支店の数値を合算して仕訳を行っても問題ありません。

(1)　決算整理

＜本　　　店＞　　　　　　　　　　　＜支　　　店＞

①売上原価の算定

（借）仕　　　　入 37,500 （貸）繰 越 商 品 37,500	（借）仕　　　　入 21,500 （貸）繰 越 商 品 21,500
（借）繰 越 商 品 32,500 （貸）仕　　　　入 32,500	（借）繰 越 商 品 21,000 （貸）仕　　　　入 21,000

②貸倒引当金の設定

（借）貸倒引当金繰入　459 （貸）貸倒引当金　　459	（借）貸倒引当金繰入 1,541 （貸）貸倒引当金　1,541
￥115,300 × 3 ％ － ￥3,000 ＝ ￥459	￥84,700 × 3 ％ － ￥1,000 ＝ ￥1,541

③固定資産の減価償却

（借）減価償却費　9,000 （貸）備品減価償却累計額　9,000	（借）減価償却費　5,400 （貸）備品減価償却累計額　5,400
（￥50,000 － ￥50,000 × 10％）÷ 5 年 ＝ ￥9,000	（￥30,000 － ￥30,000 × 10％）÷ 5 年 ＝ ￥5,400

④保険料の繰延べ

（借）前払保険料 3,000 （貸）保　険　料　3,000	（借）前払保険料 1,500 （貸）保　険　料　1,500

⑤支払家賃の見越し

（借）支 払 家 賃 6,000 （貸）未 払 家 賃　6,000	（借）支 払 家 賃 4,000 （貸）未 払 家 賃　4,000

⑥受取手数料の見越し

（借）未収手数料　700 （貸）受取手数料　700	（借）未収手数料　400 （貸）受取手数料　400

(2)　支店勘定と本店勘定の相殺

（借）本　　　店 109,300 （貸）支　　　店 109,300

Try it 例題

合併財務諸表の作成

以下の資料にもとづき、合併損益計算書を作成しなさい。

〔資料Ⅰ〕残高試算表の金額

	＜本　店＞	＜支　店＞
繰 越 商 品	￥ 370,000	￥ 130,000
仕　　　　入	￥1,712,000	￥ 670,000
本　　　　店	――	￥1,282,000
売　　　　上	￥2,700,000	￥1,100,000
支　　　　店	￥1,282,000	――

〔資料Ⅱ〕期末整理事項

商品の棚卸高は、以下のとおりである。

	期首棚卸高	期末棚卸高
本　店	￥370,000	￥552,000
支　店	￥130,000	￥180,000

損　益　計　算　書　　　　（単位：円）

費　　　用	金　　額	収　　　益	金　　額
期 首 商 品 棚 卸 高	(　　　　　)	売　　上　　高	(　　　　　)
当 期 商 品 仕 入 高	(　　　　　)	期 末 商 品 棚 卸 高	(　　　　　)
売 上 総 利 益	(　　　　　)		
	(　　　　　)		(　　　　　)

解答

損 益 計 算 書　　　　　　（単位：円）

費　　　　　用	金　　額	収　　　　　　益	金　　額
期 首 商 品 棚 卸 高	(500,000)	売　　上　　高	(3,800,000)
当 期 商 品 仕 入 高	(2,382,000)	期 末 商 品 棚 卸 高	(732,000)
売 上 総 利 益	(1,650,000)		
	(4,532,000)		(4,532,000)

解説

売　　上　　高：￥2,700,000 ＋ ￥1,100,000 ＝ ￥3,800,000
期首商品棚卸高：￥370,000 ＋ ￥130,000 ＝ ￥500,000
当期商品仕入高：￥1,712,000 ＋ ￥670,000 ＝ ￥2,382,000
期末商品棚卸高：￥552,000 ＋ ￥180,000 ＝ ￥732,000

　　合併財務諸表の作成にあたっては、支店勘定と本店勘定は相殺消去されています。

（借）本　　　　　　店 1,282,000	（貸）支　　　　　店 1,282,000

Section 2のまとめ

　本店における支店勘定の残高と支店における本店勘定の残高とは必ず一致します。
　また、支店勘定と本店勘定は、企業内部の取引を示すもので、財務諸表（損益計算書、貸借対照表）に記載されるものではないため、精算表上で以下の処理をして相殺消去します。

（借）本　　　　店　×××　（貸）支　　　　店　×××

コラム　心のふるさと

　昔の人達はみんな『ふるさと』をもっていた。しかし、最近はこんなに素敵なものをもっている人は決して多くない。

　私自身「ふるさとはどこですか」と聞かれると、確かに生まれ落ちたのは大阪の西成ではあるが、とてもそこをふるさととは呼べない。したがって、ふるさとのない人の一人になってしまう。

　しかし、それは肉体の話である。そして、誰しも、心にもふるさとがある。

　それは、その人の心の中に目盛がつき、自分なりの物差し（価値観）が出来た時代であり、またそのときを過ごした場所であり、一つ一つの風景や人や、言葉が心に焼きつけられている。

　そしてその頃の自分は、何ものかに没頭して、夢中になって、必死になっていたはずである。そうでないと、自分なりの物差しなどできるはずはないのだから。

　良いことがあったり、悪いことがあったり、人生の節目を迎えたりしたときに、ふと、心のふるさとに立ちかえり、そこに今でも住んでいる心の中の自分自身に話しかけたりする。

　私の場合は、明らかに大学時代を過ごした京都の伏見・深草界隈である。吉野家でバイトをし、学費を作り、未来は見えず、それでも必死になって資格をとり、彼女と一緒に暮らし始めた、あの頃である。

　この季節、京都の山々が紅く燃え立ち、人々の声がこだまする。

　そして、やがて、やわらかな風花が舞い降りる。

　私の心のふるさとにも…。

Chapter 10

帳簿組織

帳簿組織の全体像

	重要度
Section 1　帳簿組織（単一仕訳帳制）	★★☆☆☆

ココがPOINT!!

帳簿組織

　ここでは、帳簿組織について学習します。

　必ず設けなければならない帳簿（主要簿）として「仕訳帳」と「総勘定元帳」があります。しかし、主要簿だけでは取引の内容を詳しく知ることができないので、主要簿を補足する帳簿（補助簿）として「補助記入帳」や「補助元帳」を設けます。

　帳簿のつながりを意識して、頭の中を整理しましょう。

帳簿組織（単一仕訳帳制）

はじめに

「簿記」という言葉は、「帳簿記入」の略であるという説もあるくらい、簿記と帳簿は切っても切れない関係にあります。

このSectionでは、もう一度、帳簿について確認しておきましょう。

1 帳簿の種類

企業が設ける帳簿には、必ず設けなければならない**主要簿**と、必要に応じて設ける**補助簿**があります。

主要簿には、すべての取引を仕訳し、その発生順（日付順）に記入する**仕訳帳**と、その仕訳を転記する各勘定口座をすべて集めた**総勘定元帳**の2つがあります。

補助簿には、**補助記入帳**[01]と、**補助元帳**[02]の2種類があり、帳簿の種類をまとめると、以下のとおりです。

> 01)ある取引の内容の詳細を記録する帳簿です。
>
> 02)ある勘定の残高や内訳の詳細を記録する帳簿です。

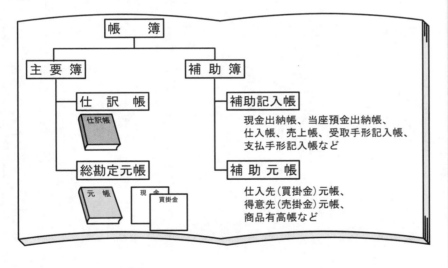

② 単一仕訳帳制における仕訳と転記

　1冊の仕訳帳を用いて仕訳を記録する方法を、**単一仕訳帳制**といいます。もっとも基本的な形は、1冊の仕訳帳に記入し、そのつど総勘定元帳にのみ転記していく**単一仕訳帳・単一元帳制**です。

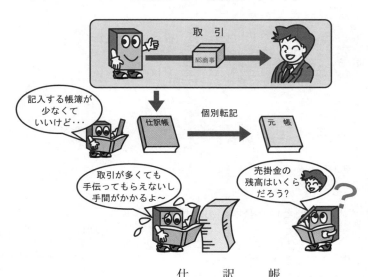

仕　訳　帳　　　　1

×1年		摘　　　要	元丁	借　方	貸　方
4	5	（仕　　　入）	20	70,000	
		（現　　　金）	1		70,000
	9	（現　　　金）	1	100,000	
		（売　　　上）	10		100,000

⑴標準式の場合

現　　金　　　1

×1年		摘　要	仕丁	借　方	×1年		摘　要	仕丁	貸　方
4	1	前月繰越	✓	200,000	4	5	仕　　入	1	70,000
	9	売　　上	1	100,000					

売　　上　　　10

×1年		摘　要	仕丁	借　方	×1年		摘　要	仕丁	貸　方
					4	9	現　　金	1	100,000

仕　　入　　　20

×1年		摘　要	仕丁	借　方	×1年		摘　要	仕丁	貸　方
4	5	現　　金	1	70,000					

(2)残高式の場合

現　金　1

×1年		摘　要	仕丁	借　方	貸　方	借/貸	残　高
4	1	前 月 繰 越	✓	200,000		借	200,000
	5	仕　　　入	1		70,000	〃	130,000
	9	売　　　上	1	100,000		〃	230,000

売　上　10

×1年		摘　要	仕丁	借　方	貸　方	借/貸	残　高
4	9	現　　　金	1		100,000	貸	100,000

仕　入　20

×1年		摘　要	仕丁	借　方	貸　方	借/貸	残　高
4	5	現　　　金	1	70,000		借	70,000

　この記帳方法はシンプルでわかりやすいという長所がある反面、次の
ような短所があります。

> ①　取引や勘定の詳細な情報[03]を得ることができない。
> ②　仕訳帳への記入事務が分担できない[04]。
> ③　取引量が増えると転記の手間がかかる。

　そのため、取引量が少ない比較的小規模な事業者以外では、望まし
い方法とはいえません。

03)得意先別の売掛金の残高や、振り出した手形の金額や満期日などの情報です。

04)仕訳帳は発生順(日付順)に記帳するため、1冊しか設けられません。

Try it 例題

仕訳帳と元帳

次の取引について仕訳帳の元丁欄を記入するとともに、総勘定元帳へ転記しなさい(一部の勘定口座は省略している)。

4.14 　得意先秋田商店から売掛金の回収として ¥200,000 を現金で受け取った。

4.18 　山形商店から商品 ¥150,000 を仕入れ、¥50,000 を現金で支払い残額を掛けとした。

4.25 　福島商店に商品 ¥230,000 を売り上げ、代金は掛けとした。

仕　訳　帳　　　　1

×1年		摘　　　要	元丁	借　方	貸　方
4	14	（ 現　　金 ）		200,000	
		（ 売 掛 金 ）			200,000
	18	（ 仕　　入 ） 諸　　口		150,000	
		（ 現　　金 ）			50,000
		（ 買 掛 金 ）			100,000
	25	（ 売 掛 金 ）		230,000	
		（ 売　　上 ）			230,000

現　　金　　　　1

×1年	摘　要	仕丁	借　方	×1年	摘　要	仕丁	貸　方
4　1	前 月 繰 越	✓	500,000				

売　掛　金　　　　3

×1年	摘　要	仕丁	借　方	×1年	摘　要	仕丁	貸　方
4　1	前 月 繰 越	✓	300,000				

買　掛　金　　　　12

×1年	摘　要	仕丁	借　方	×1年	摘　要	仕丁	貸　方
				4　1	前 月 繰 越	✓	200,000

売　　上　　　　31

×1年	摘　要	仕丁	借　方	×1年	摘　要	仕丁	貸　方

仕　　入　　　　41

×1年	摘　要	仕丁	借　方	×1年	摘　要	仕丁	貸　方

仕　訳　帳　　　　　　　　　1

×1年		摘　　要	元丁	借　方	貸　方
4	14	（現　　　金）	1	200,000	
		（売 掛 金）	3		200,000
	18	（仕　　　入）　　諸　口	41	150,000	
		（現　　　金）	1		50,000
		（買 掛 金）	12		100,000
	25	（売 掛 金）	3	230,000	
		（売　　　上）	31		230,000

現　　　金　　　　　　　　　1

×1年		摘　要	仕丁	借　方	×1年		摘　要	仕丁	貸　方
4	1	前 月 繰 越	✓	500,000	4	18	仕　　　入	1	50,000
	14	売 掛 金	1	200,000					

売　掛　金　　　　　　　　　3

×1年		摘　要	仕丁	借　方	×1年		摘　要	仕丁	貸　方
4	1	前 月 繰 越	✓	300,000	4	14	現　　　金	1	200,000
	25	売　　　上	1	230,000					

買　掛　金　　　　　　　　　12

×1年		摘　要	仕丁	借　方	×1年		摘　要	仕丁	貸　方
					4	1	前 月 繰 越	✓	200,000
						18	仕　　　入	1	100,000

売　　　上　　　　　　　　　31

×1年		摘　要	仕丁	借　方	×1年		摘　要	仕丁	貸　方
					4	25	売 掛 金	1	230,000

仕　　　入　　　　　　　　　41

×1年		摘　要	仕丁	借　方	×1年		摘　要	仕丁	貸　方
4	18	諸　　　口	1	150,000					

解説

(1)普通仕訳帳の記入

　　科目が複数ある場合には、上に「諸口」と記入します。

(2)総勘定元帳の記入

　　相手科目が複数ある場合には、「諸口」と記入します。

Section 1のまとめ

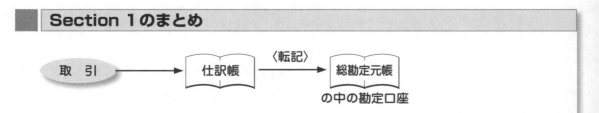

取　引　→　仕訳帳　〈転記〉→　総勘定元帳
　　　　　　　　　　　　　　　　の中の勘定口座

索　引

■監修
　新田 忠誓　商学博士（一橋大学）
　一橋大学名誉教授
　日本簿記学会顧問、一般社団法人　資格教育推進機構代表理事
　1977年　一橋大学大学院商学研究科博士課程単位修得
　神奈川大学経済学部、慶應義塾大学商学部、一橋大学商学部・商学研究科などを経て、
　現在、一橋大学名誉教授
　公認会計士・不動産鑑定士・税理士試験委員など歴任。

■編著
　桑原 知之（ネットスクール株式会社）

■制作スタッフ
　藤巻健二　中嶋典子　石川祐子　吉永絢子　吉川史織

■表紙デザイン
　株式会社スマートゲート

本書の発行後に公表された法令等及び試験制度の改正情報、並びに判明した誤りに関する訂正情報
については、弊社 WEB サイト内の『読者の方へ』にてご案内しておりますので、ご確認下さい。

https://www.net-school.co.jp/

なお、万が一、誤りではないかと思われる箇所のうち、弊社 WEB サイトにて掲載がないものにつ
きましては、**書名（ＩＳＢＮコード）と誤りと思われる内容**のほか、お客様の**お名前及びご連絡先
（電話番号）**を明記の上、弊社まで**郵送または e-mail** にてお問い合わせ下さい。

＜郵送先＞　〒 101 - 0054
　　　　　　東京都千代田区神田錦町 3 - 23 メットライフ神田錦町ビル 3 階
　　　　　　ネットスクール株式会社　正誤問い合わせ係
＜ e-mail ＞　seisaku@net-school.co.jp

※正誤に関するもの以外のご質問、本書に関係のないご質問にはお答えできません。
※お電話によるお問い合わせはお受けできません。ご了承下さい。
※回答及び内容確認のためにお電話を差し上げることがございますので、必ずご連絡先をお書きください。

全経　簿記能力検定試験　公式テキスト　２級商業簿記

2024年 2 月20日　初版　第 1 刷発行

監　修　者　新　　田　　忠　　誓
編　著　者　桑　　原　　知　　之
発　行　者　桑　　原　　知　　之
発　行　所　ネ ッ ト ス ク ー ル 株 式 会 社
　　　　　　　　　　　出　版　本　部
〒101-0054　東京都千代田区神田錦町3-23
電話　03（6823）6458（営業）
FAX　03（3294）9595
https://www.net-school.co.jp/
DTP制作　ネ ッ ト ス ク ー ル 株 式 会 社
印刷・製本　日 経 印 刷 株 式 会 社

© Net-School 2024　　Printed in Japan　　　　ISBN 978-4-7810-0360-3